Carolin Philipps
Königin Caroline Mathilde von Dänemark

SERIE PIPER

Zu diesem Buch

Gegen ihren Willen wird die 15-jährige Caroline Mathilde mit einem Mann verheiratet, den sie vorher noch nie gesehen hat: mit dem geisteskranken König Christian von Dänemark. Nach der Märchenhochzeit in Kopenhagen wird das Leben an seiner Seite zur Qual. Er demütigt sie, zeigt sich ständig mit anderen Frauen und lässt seine extremen Launen an ihr aus. Doch dann bringt der König von einer Reise nach Deutschland Johann Friedrich Struensee als Leibarzt mit, der schon bald zum Minister ernannt wird. Caroline Mathilde verliebt sich unsterblich in ihn, und es kommt zwischen den beiden zu einem fatalen Liebesverhältnis. Das Glück ist nur von kurzer Dauer: Als der Minister gestürzt wird, verrät er die Königin mit kompromittierenden Berichten. Er wird zum Tode verurteilt, während Caroline Mathilde ins Exil nach Celle geschickt wird ... Anhand von bislang unzugänglichem Quellenmaterial aus den Privatarchiven der Kurfürsten von Hannover, des englischen und dänischen Königshauses erzählt Carolin Philipps die bewegende Biographie Caroline Mathildes von Dänemark.

Carolin Philipps, geboren 1954, ist Gymnasiallehrerin in Hamburg und Autorin erfolgreicher Kinder- und Jugendbücher. Als Historikerin gilt ihr besonderes Interesse geschichtlichen und aktuellen politischen Themen.

Carolin Philipps
Königin Caroline Mathilde von Dänemark

Die Geliebte des Leibarztes

Mit 14 Abbildungen

Piper München Zürich

FSC

Dieses Taschenbuch wurde auf FSC-zertifiziertem Papier gedruckt. FSC (Forest Stewardship Council) ist eine nichtstaatliche, gemeinnützige Organisation, die sich für eine ökologische und sozialverantwortliche Nutzung der Wälder unserer Erde einsetzt (vgl. Logo auf der Umschlagrückseite).

Ungekürzte Taschenbuchausgabe
Piper Verlag GmbH, München
Mai 2005

unter dem Titel: »Zwischen Krone und Leidenschaft«
Umschlag/Bildredaktion: Büro Hamburg
Heike Dehning, Charlotte Wippermann,
Alke Bücking, Kathrin Hilse
Umschlagabbildung: Francis Cotes (»Caroline Mathilde«, 1766,
Det Nationalhistoriske Museum på Frederiksborg, Hillerød)
Papier: Munken Print von Arctic Paper Munkedals AB, Schweden
Druck und Bindung: Clausen & Bosse, Leck
Printed in Germany ISBN 3-492-24369-X

www.piper.de

Inhalt

»Was aus Liebe getan wird,
ist immer jenseits von Gut und Böse.«
Friedrich Nietzsche

Prolog

*»Niemand spricht mehr von dieser unglücklichen Prinzessin.
Es ist, als hätte sie nie existiert.«*

Dies schrieb aus Kopenhagen im April 1775 der Graf von Bernstorff, Mitglied einer der einflussreichsten Familien am dänischen Hof, an den Grafen Reventlou[1] und freute sich einen Monat später, als die Nachricht kam, dass Caroline Mathilde, englische Prinzessin und dänische Königin im Exil, tatsächlich aufgehört hatte zu existieren, weil sie an einem Fieber gestorben war.

In Kopenhagen war man froh, dass man dieses skandalreiche Kapitel der dänischen Geschichte endlich zu den Akten legen konnte: Das Schicksal einer Königin, die ihren Mann betrügt und deshalb in die Verbannung geschickt wird, wo sie einsam und von allen vergessen stirbt.

Nur schade, dass der Graf ihren Sarg in der Gruft unter der Pfarrkirche in Celle niemals zu Gesicht bekommen hat, denn dann würde er an den frischen Blumen sehen, dass Caroline Mathilde bis ins 21. Jahrhundert nicht in Vergessenheit geraten ist.

»Totgesagte leben länger!«, heißt es in einem Sprichwort, und das trifft auf Caroline Mathilde in besonderem Maße zu. Als sie starb, war sie erst 23 Jahre alt, und doch hat ihr Leben Spuren hinterlassen, die auch über 200 Jahre nach ihrem Tod noch zu erkennen sind.

Gedichte, Romane, Theaterstücke und Filme in großer Zahl und in verschiedenen Sprachen sind über ihr Schicksal in den letzten 225 Jahren entstanden. Wahrheit und Fantasie in einem kaum zu entwirrenden Geflecht vermischt.

In ihrem letzten Brief, den der Prediger Lehzen auf ihren Wunsch hin Stunden vor ihrem Tod an ihren Bruder Georg III. von England geschrieben haben soll, wünschte sie sich, dass kommende Generationen ihr Schicksal anders sehen würden als ihre Zeitgenossen und in einer anderen Zeit die Frage nach ihrer Schuld neu bewertet werden würde.

Die dunkle Gruft mit den Blumen und dieser Brief ließen mich auf die Suche nach der Wahrheit gehen. Der Wahrheit über eine Frau, die von der Gesellschaft schuldig gesprochen wurde, weil sie sich über Konventionen hinweggesetzt hatte und weil sie die Regeln des beliebtesten Gesellschaftsspiels der damaligen Zeit nicht beherrschte: des Liebesspiels. Denn dabei ging es weniger um Gefühle als darum, sich durch Vergnügen und Lustgewinn die Langeweile zu vertreiben. Sich wirklich zu verlieben war dabei nicht vorgesehen und bedeutete darum am Ende für Caroline Mathilde Verurteilung, Verbannung und Tod.

LONDON

Königliche Heiraten

»Eure Exzellenz ist, wie mir gesagt wurde, bereits über den Verdacht informiert, dass Ihre Majestät, die Königin, schwanger ist. Ich denke, dass sie sich im dritten Monat befindet. Es geht ihr gut und bis jetzt hat ihr das Reiten noch nicht geschadet ... Es gibt viele Zeugen, die bestätigen, dass der König seit dem Monat Mai nicht mehr mit der Königin geschlafen hat.«

Dies schrieb am 23. November 1770 in Kopenhagen Professor Berger, der Leibarzt der dänischen Königin Caroline Mathilde, an den Minister Johann Hartwig Ernst Bernstorff.[2]

Unausgesprochen blieb, was beide genau wussten und woran sie sicher dachten: Falls die Königin ihren Mann betrogen hatte, wäre das nach dänischem Gesetz Majestätsbeleidigung und darauf stand die Todesstrafe. Der Staat Dänemark vor dem Chaos.

Aber hatte sie es wirklich getan? Der Leibarzt Berger gehörte nicht zu den Hofleuten, die solche Gerüchte leichtsinnig in die Welt setzten. Er hatte nur seine Beobachtungen gemacht und entsprechende Schlüsse gezogen, genau wie so viele andere am Hofe.

Die Schwangerschaft der Königin war auch in anderen Briefen aus jenen Tagen trotz des Bemühens um Geheimhaltung das wichtigste Thema.

Andreas von Bernstorff bezeichnete in einem Brief an seinen Onkel, den Minister, die Situation sogar als so »kriminell« und für alle, die »unschuldig mitleiden müssten, so angefüllt mit Angst und einer grausamen Erwartung, selbst für die heutige Zeit; ich weiß wirklich nicht, wie man sich (da noch) aus der Affäre ziehen kann«.

Neben der möglichen Freude am Hofklatsch schwingt zwischen

den Zeilen die große Sorge mit, welche Folgen die Geburt eines Kindes haben würde, das für die Kenner der Situation am dänischen Hof offensichtlich nicht den dänischen König Christian VII. zum Erzeuger hatte.
Vaterschaftstests gab es noch keine, sodass es keinen zweifelsfreien Beweis gibt, dass Caroline Mathilde ihren Mann betrogen hat, aber es liegen jede Menge Indizien und Zeugenaussagen vor, die es sehr wahrscheinlich erscheinen lassen.
Offiziell hat Christian die Vaterschaft nie angezweifelt, es interessierte ihn auch nur am Rande, was seine Frau machte. Außerdem beschäftigte er sich lieber mit seinen Pagen und Frauen aus den Rotlichtvierteln Kopenhagens.
Leibarzt Berger schrieb weiter, dass er mit der Königin noch nicht über die Schwangerschaft geredet habe, aber »ich habe es Str. gesagt, in dem Moment, wo ich es vermutet habe. Er hat es gut aufgenommen, er wird das Geheimnis bewahren und ist mit mir der Meinung, dass man die öffentliche Bekanntmachung so lange hinausschieben sollte, bis die Schwangerschaft sichtbar ist.«
Mit »Str.« bezeichnete Berger in seinem Brief den damals mächtigsten Mann im dänischen Staat: Johann Friedrich Struensee, engster Vertrauter des Königspaares und vermutlicher Vater des ungeborenen Kindes. Dass Berger noch vor der Königin mit ihm redete – der König wird nicht einmal erwähnt –, zeigt schon, wie ungewöhnlich die Schwangerschaft war.
Üblich war es auch, das Volk sehr früh zu informieren. Eine Schwangerschaft der Königin war normalerweise ein Anlass zu kollektiver Freude. In diesem Fall sollte sie so lange wie möglich ein Geheimnis bleiben, um unvermeidliches Gerede zu verhindern. Als dann im Mai 1771 die öffentlichen Gebete in den Kirchen für die Königin begannen, hielt sich die Freude in Grenzen. Vereinzelt kam es zu Protesten, Menschen verließen die Kirchen. Ein Skandal!
»La petite Struensee« hieß die Prinzessin Louise Augusta von ihrer Geburt an hinter vorgehaltener Hand, wenn auch ihre königliche Abstammung nie öffentlich bestritten wurde. Eine heutige dänische

Biografie bezeichnet die Prinzessin Louise Augusta als »Frucht der fatalen Romanze« zwischen der Königin und Struensee.

Dass Prinzessinnen nicht heirateten, weil sie sich unsterblich verliebt hatten, sondern weil sie als Teil eines politischen Spiels benutzt wurden, war Caroline Mathilde als Schwester des englischen Königs Georg III. schon seit frühester Jugend bekannt. Ihr Bruder selber hatte seine Frau erst am Hochzeitstag kennen gelernt und auch ihre ältere Schwester und Patin Augusta war am Arm eines ihr völlig unbekannten Mannes in dessen Heimat, das Herzogtum Braunschweig-Wolfenbüttel, entschwunden.

Wenn also fürstliche Heiraten aus Staatsräson geschahen, so durfte man sich nicht wundern, wenn sich Könige und Fürsten für die Gefühle ihre Geliebten hielten. Und das wurde, solange es einigermaßen unauffällig geschah, auch toleriert. Vor allem natürlich bei Männern. Bei Frauen hingegen wurde mit anderem Maß gemessen, aber es gab durchaus Beispiele in der Geschichte, wo sich Königinnen einen Liebhaber nahmen – zum Beispiel die Zarin Katharina II. von Russland –, ohne dass dies gleich katastrophale Folgen hatte.

War es eine Verkettung unglücklicher Vorfälle oder aber Naivität und Unkenntnis, die Caroline Mathilde nicht erkennen ließen, dass ihre Feinde am Hofe ihr Verhältnis benutzen würden, um sie und den mächtigen Minister zu vernichten?

Auf das Leben am Hofe war sie in keiner Weise vorbereitet, denn sie verbrachte ihre Kindheit fernab vom Hofleben in einem kleinen Schloss außerhalb Londons inmitten der Gärten von Kew, die ihre Mutter anlegte und die heute noch zu den bekanntesten botanischen Gärten der Welt zählen.

Ihr Vater war der Kronprinz Friedrich, Prinz von Wales, Sohn Georgs II., des Königs von England und Kurfürsten von Hannover.

Wenn es nach seinem Vater gegangen wäre, hätte Friedrich niemals englischen Boden betreten. Er verbrachte die ersten 22 Jahre seines Lebens fernab von seiner Familie im Kurfürstentum Hannover, von wo seine Eltern 1714 aufgebrochen waren, um die englische Thronfolge anzutreten.

Englischer König sollte nach dem Willen seiner Eltern sein jüngerer Bruder William sein, den vor allem die Mutter in jeder Hinsicht vorzog. Die englischen Minister konnten Georg II. dann doch überzeugen, dass die rechtmäßige Thronfolge nicht aus persönlichen Gefühlen außer Kraft gesetzt werden könnte, und so durfte Friedrich 1728 nach England kommen.

Ein harmonisches Leben mit der Familie gab es für Friedrich aber auch dann nicht. Sein Vater fürchtete die Konkurrenz des Sohnes, der ziemlich rasch die Sympathien der Londoner gewann. Seine Mutter lehnte ihn mit einem schon krankhaften Hass ab. Sie sagte zu Lord Hervey, einem ihrer engsten Vertrauten, ihr erstgeborener Sohn sei »der größte Esel, der größte Lügner, der größte Schuft und das größte Biest in der ganzen Welt ... Ich wünschte von ganzem Herzen, er lebte nicht mehr.« Sie wollte ihn nicht einmal am Sterbebett sehen. Seine drei Schwestern folgten in ihrer Abneigung dem Vorbild der Mutter. Vielleicht war er gerade deshalb selber ein so vorbildlicher Familienvater, der sehr viel Zeit beim Spiel mit seinen Kindern verbrachte.

Je populärer Friedrich beim Volk wurde, desto größer die Abneigung seiner Eltern. Das Carlton-House an der Pall Mall, der zweite Londoner Wohnsitz Friedrichs, den er sich von geliehenem Geld gekauft hatte, wurde zum Treffpunkt der politischen Opposition, die die Spannungen in der Königsfamilie für ihre Zwecke nutzte.

Selbst nach der Hochzeit mit Augusta von Sachsen-Gotha 1736 verbesserte sich das Verhältnis zu seinen Eltern nicht. Wenn Georg II. in seinem Kurfürstentum in Hannover weilte, was er häufig tat, vertrat die Queen ihn. Friedrich und seine Frau hatten dann Anweisung, sich immer im gleichen Palast aufzuhalten um zu verhindern, dass er in einem der zahlreichen Schlösser einen eigenen Hof aufbaute und die Gegner seines Vaters um sich scharte.

Es gab viele Engländer, die es Georg II. sehr übel nahmen, dass er sich lieber in seinem hannoverschen Kurfürstentum aufhielt. Friedrich dagegen betonte ganz bewusst alles Britische und machte sich damit viele Freunde.

Politisch hatte er keine großen Visionen, zumal er starb, bevor er als König etwas bewegen konnte. Die Feindschaft seines Vaters, der Hass seiner Mutter und die bösartigen Kommentare Lord Harveys haben seinen Ruf als »nutzlosen Schwächling« aufgebaut. Seine Freunde, Politiker der Opposition, Künstler und Schriftsteller, betonten eher seinen Charme, seinen Witz und seine Großzügigkeit.
Seinen Tod wirklich bedauert haben vor allem die Experten der damaligen Pflanzenwelt: »Die Welt der Botanik in England wird durch seinen Tod wesentlich ärmer«, bemerkte Dr. John Mitchell, denn seine Gartenanlagen, die er rund um seine Häuser in London und Kew anlegen ließ, waren berühmt.
Ein Verlust war sein Tod auch für seine Familie. Im Gegensatz zu seinem eigenen Vater nahm er sich Zeit für seine Kinder, spielte mit ihnen Kricket und Tennis und machte Familienausflüge.
Zu seiner Frau, Carolines Mutter Augusta von Sachsen-Gotha, verhielt er sich den Gepflogenheiten der Zeit entsprechend. Auf der einen Seite schrieb er ihr Liebesgedichte, auf der anderen Seite waren seine vielen Affären mit anderen Frauen Stadtgespräch.
Carolines Mutter war 1736 16-jährig nach England gekommen, ohne ein Wort Englisch zu sprechen, um Friedrich, den Prinzen von Wales, zu heiraten. Georg II. hatte sie 1735 in seinem hannoverschen Kurfürstentum kennen gelernt. Sie wurde als »einfältig« beschrieben, hatte in Folge einer Pockenerkrankung einen unreinen Teint, sprach nur Deutsch und schien äußerst bescheiden zu sein. Genau die richtige Frau für seinen Sohn, entschied Georg. Was ihn vor allem an dieser Verbindung reizte, war, dass die Heirat die britischen Bande zum lutherischen Mitteldeutschland stärken und damit die dynastischen Bestrebungen Preußens eindämmen würde.
Friedrich war einverstanden. Er erhoffte sich von seiner Heirat eine Erhöhung seines Einkommens. Augusta von Sachsen-Coburg lernte sehr schnell die Sprache des Landes und gewann dadurch und durch ihr bescheidenes Auftreten die Sympathien der Engländer.
»Prinzessin Klugheit« wurde sie von Horace Walpole genannt. Lady Sarah, Herzogin von Marlborough, beschrieb sie so: »Die Prinzessin

spricht Englisch viel besser als die übrigen Mitglieder der [königlichen] Familie, die schon viel länger hier sind. Sie ist gutmütig und höflich zu jedermann.«

Als Friedrich 1751 starb, war sie mit Caroline schwanger und verlor mit ihm auch die Hoffnung, jemals selber Königin zu werden. Als Witwe des verstorbenen Kronprinzen stand ihr ein Leben am Rande der Hofgesellschaft bevor. Da ihr Interesse am Hofleben nie sehr groß gewesen war, zog sie sich zurück und lebte mit ihren Kindern in ihren Häusern in London und Kew. Auch als ihr Sohn Georg König wurde, nahm sie nur ungern an den offiziellen Veranstaltungen teil.

Viel lieber widmete sie sich dem Aufbau ihres Gartens, ihres »Weltlichen Paradieses«, der unter ihrer Leitung zu einem der artenreichsten Gärten der Welt wurde.

Unterstützt wurde sie dabei unter anderem von Lord Bute, der gleichzeitig Erzieher ihres Sohnes Georg und später Minister unter dessen Regentschaft wurde. Lord Bute war sicher auch für Caroline Mathilde eine Ersatzvaterfigur, denn er hielt sich sehr oft im White House auf. Augusta machte ihn zu ihrem »Groom of the Stole« und beriet sich mit ihm in allen Haushaltsfragen.

Lord Bute war schon vor dem Tod Friedrichs ein enger Mitarbeiter (Lord of the Bedchamber) und Freund der Familie gewesen. Immer, wenn Friedrich mit einer Frau allein sein wollte, hatte er seiner Frau einen Spaziergang mit Lord Bute nahe gelegt. Horace Walpole bemerkte später ironisch, dass, sobald der Prinz tot war, »sie immer häufiger zu seiner Erinnerung spazierten.«

Ob Lord Bute und Carolines Mutter wirklich ein Verhältnis hatten, lässt sich mit letzter Sicherheit nicht sagen. Das Volk glaubte es jedenfalls und nahm es der Mutter von Caroline Mathilde von Dänemark sehr übel. Als sie 1772 starb, folgten Spottgesänge ihrem Beerdigungszug.

Ihre letzten Worte vor ihrem Tod im Februar 1772 galten ihrer Tochter Caroline Mathilde, die zu dieser Zeit auf der Festung Kronenburg gefangen saß und auf ihren Prozess wartete. In dem Brief, in

dem ihr Bruder Georg ihr die Nachricht vom Tod der Mutter mitteilte, schrieb er leicht vorwurfsvoll, dass das ungewisse Schicksal ihrer Tochter ihr Leben mit Sicherheit um einige Tage verkürzt habe.
Dies ist nach den vorliegenden Quellen der einzige Vorwurf, den er Caroline Mathilde jemals wegen ihres Verhaltens gemacht hat. Ansonsten sind seine Briefe geprägt von Sorge und Fürsorge für seine jüngste Schwester, für die er sich von Anfang an besonders verantwortlich fühlte.
Und das ist sicherlich das Verdienst ihrer Eltern, die in Kew ein Stück heile Welt für ihre Kinder schaffen konnten, das auch nach dem frühen Tod des Vaters erhalten blieb und das Caroline Mathilde nachhaltig geprägt hat.

Kindheit in Kew Garden

»Ihre königliche Hoheit hat mir mit der ihr eigenen Bescheidenheit ... aufgetragen, ihre besten Wünsche in angemessener Sprache an den Hof weiterzugeben, denn sie selber sei der Sprache des Hofes nicht mächtig. Sie kenne sich besser mit den Pflanzen als mit den Menschen aus und sei vertrauter mit den Blüten, die die Natur hervorbringe als mit denen, die die Höflinge in ihre Worte einflechten.«[3]

Es gibt wohl kaum eine treffendere Beschreibung der Situation der 15-jährigen Caroline Mathilde als diese ihre eigenen Worte, die der dänische Gesandte Caspar von Bothmer begeistert an seinen dänischen Außenminister Bernstorff im August 1766 schrieb. Von Bothmer war auf Einladung der Prinzessin Augusta gekommen, um bei einem geselligen Abend mit Konzert die zukünftige dänische Königin in Augenschein zu nehmen.

Er ging an jenem Abend mit einem guten Gefühl nach Hause. Caroline Mathilde würde dem dänischen Volk eine würdige Königin sein.

Für Caroline Mathilde dagegen begann eine Zeit des Lernens. Sie musste nicht nur Deutsch lernen, neben Französisch eine der Hauptsprachen am dänischen Hof, sondern sich auch mit Fragen der Etikette und des höfischen Lebens vertraut machen, alles Dinge, die bislang in ihrem Leben keine große Rolle gespielt hatten.

Geboren wurde sie am 22. Juli 1751, ein halbes Jahr nach dem Tod ihres Vaters. Nur eine Londoner Zeitung hielt dies Ereignis für erwähnenswert: Es passierte um 6 Uhr morgens an einem Donnerstag. In den kurfürstlichen Landen in Hannover dagegen wurden Dankgebete gesprochen: »Dem Herrn unserem Gott bringen wir einen de-

White House, Kew Garden

müthigen Dank dar, vor den abermaligen Segen, womit er das Königl. Haus angesehen, indem er der verwitweten Prinzessin von Wallis Königliche Hoheit, am 22ten dieses Monats Juli, ..., einer gesunden und wohlgestalteten Prinzessin hat genesen lassen ...«

Für die nächsten Jahre verlor die Öffentlichkeit jedes Interesse an der Tochter des verstorbenen Kronprinzen, was nicht ungewöhnlich war, denn Prinzessinnen interessierten ohnehin erst dann wieder, wenn sie ins heiratsfähige Alter kamen und Teil des politischen Mächtespiels wurden.

Von Caroline Mathilde gibt es nur zwei dokumentierte öffentliche Auftritte während ihrer Kindheit: 1761 bei der Krönung ihres Bruders Georg und als Brautjungfer 1764 bei der Hochzeit ihrer Schwester Augusta. Allerdings interessierten sich die Zeitungen mehr für ihre Kleidung: In einem silberweißen Kleid mit langen herabhängenden Ärmeln schritt sie an der Hand ihres Bruders Frederik-William in der Prozession ihrer Mutter in die Westminster Abbey. »Rose of England« wurde sie genannt und man prophezeite ihr eine große Zukunft.

Von ihrer Kindheit wissen wir so gut wie nichts. Daher fangen auch die meisten Biografien erst mit dem Tag ihrer Hochzeit, dem 1. Oktober 1766, an. Trotzdem lassen sich aus diesen ersten Jahren Spuren auffinden, die sie geprägt haben und ohne die man vieles in ihrem Verhalten nicht verstehen kann.

Da war zunächst einmal das Haus, in dem sie aufwuchs. Obwohl Prinzessin Augusta mit Carlton und Leicester House auch zwei Londoner Häuser besaß, verbrachte sie nach dem Tod ihres Mannes mit ihren Kindern die meiste Zeit außerhalb von London im White House in Kew Garden.

Es war ein mittelgroßes Landhaus inmitten eines Parks mit großen Rasenflächen, einem See und Orangenbäumen hinter dem Haus. Die Kinder wurden angehalten, möglichst viel Zeit draußen zu verbringen; jedes hatte sein eigenes Stück Garten, das es zu versorgen hatte. Später sollte Caroline das mit ihrem Sohn genauso machen. Auch er bekam in Schloss Hirschholm ein Stück Garten. Auf den Bildern des Malers Peder Als ist er mit Schaufel und Gießkanne abgebildet, nicht gerade das übliche Spielzeug für einen Kronprinzen.

Caroline wuchs in einem Park auf, in dem eine Schafherde graste, um den Rasen kurz zu halten, mit sieben Kühen und jeder Menge exotischer Pflanzen. Da gab es Teebäume aus Indien, Zedern aus dem Libanon, Ginkobäume, Orchideen, Pflanzen aus Nordamerika, China, Südafrika, Italien, den Westindischen Inseln. In der Orangerie erhitzte ein riesiger Ofen den Raum auf 30 Grad Celsius, damit die exotischen Pflanzen in der Kälte nicht starben.

Es gab einen »flower garden« mit einer Menagerie, wo ihre Mutter chinesische Fasane und andere einheimische und exotische Vögel hielt. Der übrige Park war ein Tummelplatz von griechischen Tempeln, chinesischen Pavillons und einer riesigen Pagode. Selbst eine Moschee wurde errichtet.

Diese Umgebung hat Caroline Mathilde geprägt. Sie fühlte sich in den Schlössern Kopenhagens, vor allem auf Christiansborg, sehr unwohl. Es gab dort keinen Park, nicht die Spur einer Grünfläche, nur eine staubige Reitbahn. Wann immer sie konnte, entfloh sie und suchte Orte auf, die sie ein wenig an ihr Zuhause in Kew Garden erinnerten. Ihr Lieblingsschloss war Hirschholm, 20 Kilometer nördlich von Kopenhagen, wo sie ihren Traum vom einfachen Landleben zumindest ansatzweise verwirklichen konnte.

Auch ihre Abneigung gegen jede Form der Etikette lässt sich aus diesen Kindheitsjahren erklären. Der Freiheit, die sie in der Natur genoss, stand die ansonsten sehr strenge Erziehung der Mutter gegenüber. Ob sie wirklich so verbittert und hart gegenüber ihren Kindern war, wie oft behauptet wird, lässt sich mit letzter Sicherheit nicht sagen, denn es gibt kaum objektive Quellen über sie aus dieser Zeit. Sie hat ihre Kinder nach strengen religiösen Prinzipien und ohne großen Luxus aufgezogen. Wärme und echte Zuneigung hat Caroline wohl eher bei ihren Geschwistern, vor allem ihrer ältesten Schwester Augusta und ihrem Bruder Edward gefunden. Es war Edward, der sie als Erster in Kopenhagen besuchen wollte, auf der Fahrt dorthin aber starb. Auch die Briefe der Geschwister untereinander zeigen, wie sehr sie am Schicksal des jeweils anderen interessiert waren und Anteil nahmen.

Die Inventarliste ihrer Bücher, die nach ihrem Tod 1775 in Celle zusammengestellt wurde, beweist, wie vielseitig die Interessen Caroline Mathildes waren. Lesen war eine ihrer Leidenschaften. Sie bat ihren Bruder Georg immer wieder um neue Bücher, die er ihr auch kistenweise ins Exil nach Celle schickte. Abgesehen von historischen Werken über die Geschichte Europas finden sich viele Bücher über Pflanzen und Gartenpflege, die Werke Homers, Fabeln von Aesop bis Gellert, die Bücher der Aufklärer Voltaire und Rousseau, Schriften in Deutsch, Englisch, Französisch und Italienisch.

Ihre Erziehung dürfte sich zwischen zwei Polen abgespielt haben: Den Predigten eines Thomas Secker, Erzbischof von Canterbury, der sie und ihre Geschwister getauft und sie später getraut hat, sowie ähnlichen moralischen Schriften der Zeit auf der einen Seite und den Romanen Swifts, Fieldings und Defoes, die eben nicht zu den Titeln gehörten, die für Frauen als angemessen angesehen wurden, auf der anderen Seite. Während der Erzbischof von Canterbury predigte, dass man das Vergnügen nicht mehr als Gott lieben dürfe, und von den Pflichten sprach, die jeder gegenüber Gott, den Mitmenschen und sich selber habe, zog Caroline Werke vor, die weniger moralisierend waren und den Leser in eine Fantasiewelt entführten.

Die zweite Hälfte des 18. Jahrhunderts, in dem Caroline aufwuchs, war eine Zeit des Umbruchs. Aufklärung, Forderungen nach Freiheit und Gleichheit hatten allerdings das Frauenbild der Zeit unberührt gelassen. Ein Immanuel Kant erklärte 1764: »Tiefes Nachsinnen und eine lange fortgesetzte Betrachtung sind edel, aber schwer, und schicken sich nicht wohl für eine Person, bei der die ungezwungenen Reize nichts anderes als eine schöne Natur zeigen sollen ...«

Und Adolph Freiherr von Knigge schrieb noch 1788: Eine Frau dürfe zwar »ihre Schreibart und ihre mündliche Unterredung durch einiges Studium und durch keusch gewählte Lectur« verfeinern, aber mehr auch nicht, denn sonst würde sie ihre eigentlichen Aufgaben vernachlässigen und »glaubt sich berechtigt, das Joch der männlichen Herrschaft abzuschütteln, verachtet alle anderen Weiber, erweckt sich und ihrem Gatten Feinde, träumt ohne Unterlass sich in idealistische Welten hinein; ihre Fantasie lebt in unzüchtiger Gemeinschaft mit der gesunden Vernunft ...«

Erziehung der Frau diente nur einem Ziel: Sie sollte auf den Stand der Ehe vorbereitet werden. Ein Schmuckstück an der Seite ihres Mannes sein. »Die Natur wollte das Weib zu keinem selbstständigen Wesen schaffen. Das Weib soll sich nach dem Manne bilden, ihm nachgeben ... Der Mann soll die hohe Ulme seyn ..., um die sich der zarte Weinstock schlingt. Nur selten verlässt man ungestraft der Natur Bestimmung ...«

Eine Frau definierte sich damals über das Verheiratet-Sein und brach nur selten aus dieser traditionellen Rolle aus. Auch Caroline Mathildes Erziehung war geprägt von diesem Rollenbild. Und doch hat sie im Rahmen ihrer Möglichkeiten Eigenständigkeit bewiesen. Sie bevorzugte später zum Beispiel Männerkleidung, nicht nur beim Reiten, was beim Volk und bei Hofe mit großer Missbilligung betrachtet wurde. Auch in vielen Briefen bewies sie, dass sie sich ihre eigenen Gedanken zu den politischen Problemen und auch zu den Männern machte und sehr geschickt argumentieren konnte, als es zum Beispiel darum ging, den ihr nicht sehr sympathischen englischen Botschafter von Gunning durch Georg III. abberufen zu lassen.

Caroline Mathilde erhielt natürlich die für weibliche Mitglieder der obersten Gesellschaftsschicht übliche Ausbildung. Sie lernte Italienisch und Französisch, Deutsch erst nach ihrer Verlobung mit dem dänischen König. Sie spielte Cembalo und bekam Gesangsunterricht, den sie auch in Dänemark fortsetzte. Ihre Liebe zur Musik half ihr auch nach ihrer Verbannung in Celle, wo sie ein Cembalo bekam und von Georg III. mit Noten versorgt wurde.

Es wurde alles getan, um Caroline Mathilde auf ihre Rolle als zukünftige dänische Königin vorzubereiten. Caspar von Bothmer, der sie im Auftrag der dänischen Regierung begutachtete, hatte jedenfalls nichts an ihr auszusetzen. »Diese glückliche Unschuld wird gefallen«, schrieb er im August 1766, zwei Monate vor der Hochzeit, »und das Vertrauen noch übertreffen, das die Monarchie, ihr Gemahl und ihre Untertanen in sie setzen.«

Ihr Bruder, Georg III., war da nicht so sicher. In einem Brief schrieb er vier Wochen vor der Hochzeit besorgt, dass er seine wirkliche Zuneigung Caroline gegenüber vor allem dadurch zeigen möchte, dass er ihr ein paar Tipps gäbe, die sie davor bewahren sollten, in den »Abgrund« zu fallen. Es folgt eine genaue Analyse der Zustände am dänischen Hof und er schließt mit der Hoffnung, dass sie jeden erst genau prüfen möge, bevor sie sich ihm anvertraute, weil sie nur so vor dem »unabwendbaren Ruin« bewahrt werden könnte.

Und wie der weitere Verlauf ihres Lebens zeigt, wurden die Befürchtungen ihres Bruders sogar noch übertroffen.

Ehevertrag

»Die Ehe, das feste Band, welches durch beyderseitige Liebe und eine harmonische Zuneigung geknüpft wird, belohnet uns mit 1000fachen Vergnügen, unser Herz gewinnet allemahl, und wir haben eine Person, die uns schätzbar ist, sie lebt und ist gantz für uns, da wir gantz für sie leben ... Je mehr Glück und Unglück davon abhänget, desto fürsichtiger müssen wir in unserer Wahl seyn und um so strafbarer ... sind diejenigen, die uns wider unsre Neigung, durch gutgemeynte oder tyrannische Bewegungsgründe, zur Ehe zwingen, oder von ihr zurückhalten.«[4]

Legt man diese Worte von Christian Fürchtegott Gellert, Caroline Mathildes Lieblingsautor, zugrunde, so stand ihre Ehe mit dem dänischen König von Anfang an unter einem ungünstigen Stern. Es gab keine beiderseitige Liebe und die Ehe war nicht durch gegenseitige Neigungen zustande gekommen, wie auch, wenn sich die Ehepartner noch nicht einmal gesehen hatten. Sie war das Werk zweier Regierungen.

Tu felix Austria nube! Das sprichwörtliche Glück der Habsburger Heiratspolitik war auch für die anderen Staaten des 18. Jahrhunderts Vorbild. Und Minister Bernstorff, der die dänische Außenpolitik seit 1751 beherrschte, handelte genau nach diesem Motto, als er im Namen Frederiks V., Christians Vater, 1765 um die Hand der Schwester des englischen Königs anhalten ließ.

Bernstorff wollte um jeden Preis den Frieden und die Neutralität Dänemarks erhalten. So spann er ein feines Netz von Bündnissen mit den großen Mächten. Eine Heirat des dänischen Kronprinzen Christian mit einer englischen Prinzessin war aus vielen Gründen

von Vorteil. Sie würde eine der stärksten Groß- und Seemächte der Zeit mit Dänemark verbünden.
Mit englischen Prinzessinnen hatte man außerdem gute Erfahrungen gemacht. Die Mutter Christians, Louise, war auch eine englische Prinzessin gewesen, die Schwester Georgs II., Caroline Mathildes Tante. Sie war beim Volk sehr beliebt, nur leider zu früh gestorben.
Von Jugend an kannte Bernstorff den Prinzen von Wales und auch Carolines Mutter sehr gut. Bislang hatte das aber nur zu einem Freundschafts- und Handelsvertrag 1760 mit England geführt. Der Siebenjährige Krieg 1756–1763, der Europa in Flammen setzte und bis in die amerikanischen Kolonien fortgeführt wurde, verstärkte den Wunsch Dänemarks, nicht zwischen den Interessen der Großmächte zerrieben zu werden.
Minister Bernstorff war Realist und hatte durchaus Vorbehalte gegenüber der englischen Machtpolitik. Schon 1754 schrieb er an den dänischen Gesandten in London: »England ist nicht immer gerecht; es nennt seine eigene Sache die Sache Europas und will, dass man sie so ansieht, als wäre sie es ... [So] darf man nur lieben, was England liebt, und den hassen, den England hasst. Sein Begehren nach dem ganzen Handel, sein gewaltsames Streben, ihn möglichst von allen Nationen an sich zu reißen, ist unerträglich.«
So förderte er die Heirat aus ganz pragmatischen Gründen. England würde Dänemark keinen Schaden zufügen, wenn die Schwester des englischen Königs mit dem dänischen König verheiratet war. Und das war um so wichtiger, als von Bernstorffs eigentliche Sympathien den Franzosen, den Feinden der Engländer galten, und auch mit den Russen musste er sich gut stellen, solange die südliche Grenze Dänemarks, wo sie im Herzogtum Gottorf herrschten, nur mit ihnen gesichert war.
Auch die Engländer verfolgten ihre eigenen Interessen mit der Heirat. Keine Macht in Europa sollte die Vorherrschaft haben, das war ihr Grundsatz. Europäisches Gleichgewicht nannten sie das. Dänemark als Tor zur Ostsee war wichtig, um die Macht der Russen, Franzosen und Preußen nicht zu groß werden zu lassen.

Ein Balanceakt, dem zwei junge Menschen, Caroline Mathilde und Christian, 15- und 17-jährig, geopfert wurden und der auch das Leben am Hof in Kopenhagen prägte. Der Hof war nämlich durchsetzt mit Vertrauensleuten der europäischen Mächte, die dort ihre Intrigen spannen. Caroline Mathilde wurde in diese verdeckten Machtspiele hineingezogen, ohne im Mindesten darauf vorbereitet zu sein.

Da eine Heirat also ein politischer Akt war, kam dem Heiratsvertrag eine besondere Bedeutung zu, regelte er doch Besitzverhältnisse und Machtverschiebungen. Außerdem musste die materielle Versorgung der Prinzessin gesichert werden. Mit äußerster Sorgfalt wurde für alle Eventualitäten Vorsorge getroffen. Nach langem Hin und Her verzichtete man auf einen so genannten deutschen Heiratsvertrag, eine Ehe-Beredung, wie sie noch für Carolines Schwester Augusta 1763 ausgearbeitet worden war. Dort wurde u. a. festgelegt, was passierte, wenn der Gemahl zwischen feierlicher Hochzeit und Vollzug der Ehe starb. Die Rechte und Ansprüche einer Prinzessin stiegen nach dem Vollzug der Ehe und natürlich erneut nach der Geburt eines Thronfolgers.

Schon Monate vor der Hochzeit Carolines wurden Akten, Urkunden und Briefe zwischen den Kanzleien in London, Hannover und Kopenhagen hin- und hergeschickt. Am 14. Juli 1766 war der Heiratsvertrag dann unterschriftsreif.

Er beginnt mit den Worten, dass Christian VII. und Georg III. es für »angebracht« halten, »zur Festigung der Freundschaft zwischen beiden Ländern und zum Nutzen der protestantischen Religion eine engere Allianz zwischen beiden Familien zu schließen«. Die Hochzeit sollte per procurationem, also ohne Anwesenheit des Ehemannes, in London vollzogen werden und dann in Dänemark ein zweites Mal »mit den richtigen Personen«.

Bis zur dänischen Grenze würde Caroline mit englischem Hofstaat und auf Kosten des englischen Königs gebracht, von da an war der dänische König und ein dänischer Hofstaat zuständig.

Diese Vereinbarung, die auf besonderen Wunsch der Dänen in den

Vertrag kam, bereitete Caroline großen Kummer. Denn in Altona bei Hamburg an der Elbe, dort, wo das Staatsgebiet Christians VII. begann, würde sie auch die letzten Menschen, die ihr nahe standen, verlieren, unter anderem ihre Kammerfrau Lady Bowlby, mit der sie so vertraut war, dass sie mit ihr bis an ihr Lebensende Briefe austauschte.

Mindestens so wichtig wie der eigentliche Heiratsvertrag war Georg III. allerdings die Verzichtserklärung, die Caroline Mathilde unterschreiben und Christian VII. gegenzeichnen musste. So unterschrieb sie am 1. Oktober 1766, dass sie »auf ewig, so lange Manns-Stamm ... übrig seyn wird« aus dem Hause Braunschweig-Lüneburg bzw. Nachkommen ihres Bruders existieren sich mit »deren Uns mitgegebenen Heyraths-Geldern ueberigen Aussteuern gäntzlich contentieren«.

Mit anderen Worten: Caroline verzichtete auf alle Erbansprüche für sich und ihre Nachkommen, hörte auf eine englische Prinzessin zu sein und ging ganz in den Besitz ihres Mannes über, dem die Heiratsgelder übergeben wurden. Natürlich musste er zeit seines Lebens und auch seine Erben und Nachkommen dafür sorgen, dass sie angemessen versorgt war. Aber persönlichen Besitz hatte sie abgesehen von einigen Schmuckstücken nicht mehr.

Die Heiratsgelder, ihre Mitgift, die in Artikel 3 des Vertrages geregelt wurden, bestanden aus 40000 Livres Sterling von Seiten der britischen Krone und 40000 Ecus von Seiten des Hauses Braunschweig-Lüneburg.

Dieses Geld wurde – wie damals üblich – in den deutschen Landen durch eine so genannte Prinzessinnensteuer von den einzelnen Landständen eingetrieben, was viel Mühe bereitete. Noch im Jahr 1769 beschwerte sich der »Geheimte Rat Soest« in Hannover, dass u. a. die Städte Hannover, Hameln, Göttingen und Northeim ihren Anteil immer noch nicht gezahlt hätten.

Artikel 3 sah weiter vor, dass diese Gelder vollständig in den Besitz der dänischen Krone übergehen sollen, »um niemals, egal unter welchem Vorwand«, an England oder Braunschweig-Lüneburg zurück-

gezahlt werden zu müssen. Auch nicht, wenn die Königin früh sterben sollte.
An alles war gedacht, alles war durch Paragrafen geregelt. Nur eins war nicht vorgesehen, weil es so gut wie nie vorkam: eine Scheidung. Und so hatten die Beamten Georgs III. sechs Jahre später ein echtes Problem. Die Königin lebte nach ihrer Scheidung auf Wunsch ihres Bruders außerhalb Dänemarks. Wer musste nun für ihren Unterhalt aufkommen?
Die Verhandlungen dauerten 18 Monate und endeten mit der Rükkzahlung der Hochzeitsgelder an Georg III. Ob das aber am überlegenen Verhandlungsgeschick der Engländer oder eher an der Furcht der Dänen vor den englischen Kanonen lag, lässt sich wohl nicht mehr klären.
Alle Beteiligten hätten sich aber wohl viel Ärger sparen können, wenn sie Carolines Lieblingsautor ein wenig genauer gelesen hätten: »Je mehr Glück und Unglück davon abhänget, desto fürsichtiger müssen wir in unserer Wahl seyn ...«, empfahl er nämlich eindringlich.
Denn die Nachrichten, die über den zukünftigen Ehemann von Caroline Mathilde nach England gedrungen waren, ließen eine harmonische Beziehung schon lange vor der Hochzeit als eher unwahrscheinlich erscheinen.

Christian VII.: der Ehemann

»Sein Erscheinungsbild ist immer erfreulich.
Man kann sich niemanden mit mehr Geist vorstellen,
und wenn er nicht auf Abwege gerät,
die immer eine Folge zu reger Fantasie sind,
dann können wir uns eines solchen
Erben der Krone nur rühmen.«

So schrieb Andreas von Bernstorff am 30. Januar 1764 begeistert an seinen Vater Gottlieb, nachdem er den dänischen Thronfolger Christian am Vortag aus Anlass seines 16. Geburtstages gesehen hatte.[5] Einen noch besseren Eindruck hinterließ der Kronprinz anlässlich seiner Konfirmation am 31. März 1765. Er beantwortete die Fragen des Bischofs mit einer Redegewandtheit, einer Sicherheit und einer Geistesgegenwart, die als außergewöhnlich galt. Und »ich glaube nicht, dass es jemals einen Prinzen gab, der besser ausgebildet war«, schrieb Andreas von Bernstorff weiter. »Unser Prinz besitzt die allergrößten Talente.«

Eine Beschreibung, die im ersten Moment so gar nicht zu den Gerüchten über den Prinzen zu passen scheint. Selbst ein Voltaire rühmte ihn in einem extra für ihn verfassten Lobgedicht, nachdem Christian auf Anregung seines Schweizer Erziehers Reverdil eine große Summe für die aus religiöser Intoleranz verfolgten Hugenotten gespendet hatte: »Und, wo nur Menschen sind, da will auch deine Tugend, dass jedermann gerecht und jeder glücklich sey.« Das war aber nur die eine Seite des Prinzen.

Es gab auch die andere Seite. Einen jungen Mann, der seine geliebte Mutter mit drei Jahren verloren hatte, der dann eine Stiefmutter bekam, vor der er so viel Angst hatte, dass er sogar glaubte, sie wollte ihn umbringen, damit sein Halbbruder Frederik den Thron erben konnte. Der mit sechs Jahren in dem Grafen Detlev von Reventlou einen Erzieher bekam, der mit grausamsten Methoden den sensiblen Jungen zu einem seelischen Krüppel machte.

Jeden Sonntag nach dem Gottesdienst musste Christian den Inhalt der Predigt so genau wie möglich wiederholen. Gelang ihm das nicht, so wurde er von Reventlou vor der versammelten Dienerschaft beschimpft und mit einem Stock geschlagen. Häufig schlug er ihn so lange, bis Christian mit Schaum vor dem Mund auf den Boden fiel.

Eine Folge dieser brutalen Behandlung war später Christians offensichtliches Vergnügen, andere Menschen zu quälen oder dabei zuzuschauen, zum Beispiel bei Hinrichtungen. Er machte auch kaum Gebrauch von seinem Recht, zum Tode Verurteilte zu begnadigen. Im Gegenteil, er ließ die Folter verschärfen und spielte den Zuschauer.

Das konnte auch der Schweizer Reverdil, der seit Christians elftem Lebensjahr die Erziehung übernahm, nicht mehr ausgleichen, zumal Reventlou die Oberaufsicht behielt. Dem Schweizer verdankte Christian aber die Kenntnis über die Ideen der Aufklärung und sein offensichtliches Vergnügen am Philosophieren. Während er mit ihm über die Vernunft, die Toleranz und die Wahrheit diskutierte, organisierte Reventlou für ihn ausgedehnte sexuelle Spiele mit Frauen und Pagen, damit seine Energien abgelenkt und er ganz im Sinne der Tradition kein Interesse an den Regierungsgeschäften entwickeln sollte.

Theoretisch war der dänische König ein Herrscher mit größerer Machtkompetenz als jeder andere Fürst in Europa. Seit 1660 lagen alle Entscheidungen in seiner Hand. Tatsächlich aber lag die Macht bei den Ministern des Staatsrates, die mit Hilfe der Kollegialbehörden und eines zentralisierten Behördenapparates regierten. Die Minister, allen voran Johann Hartwig Bernstorff, hatten folglich kein großes Interesse an einem König, der mitregieren wollte.

Und in diesem Punkt war Reventlou in seiner Erziehung sehr erfolg-

Christian VII.

reich gewesen: Christian wollte nicht regieren und konnte es auch nicht. Er erhielt keinerlei Vorbereitung auf seine Rolle als König, hatte keine Ahnung von europäischer Politik und die Sitzungen, an denen er zwangsläufig teilnehmen musste, langweilten ihn. Er unterschrieb, was man ihm vorlegte, und war froh, wenn er von politischen Geschäften befreit war.

Er wäre viel lieber ein großer Feldherr oder ein Schauspieler geworden. Auf jeden Fall dachte er öfter an Flucht. Er versuchte später sogar Brandt und Struensee zu überreden, mit ihm zu flüchten. Eine echte Flucht gelang ihm nicht, dafür liebte er es, auf der Bühne in fremde Rollen zu schlüpfen, zum Beispiel in die des Sultans Orosman in Voltaires »Zaire«. Der Sultan hatte Macht und übte sie auch aus, ohne sich von seinen Ministern Vorschriften machen zu lassen. So wie er wäre Christian gerne selber gewesen. Hester Chapman beschreibt in ihrem Buch Christian sehr treffend als einen bemitleidenswerten Menschen, der niemals eine echte Chance hatte. Sensibel, von rascher Auffassungsgabe wurde er durch die brutale Erziehung zu einem kranken Menschen, der zu keiner tieferen Beziehung mehr fähig war.

Seine Stimmungen wechselten häufig zwischen Wutausbrüchen und Teilnahmslosigkeit. Mal tobte er mit den Pagen prügelnd durch den Palast, dann wieder schüttete er seiner Großmutter beim Essen Zucker auf den Kopf. Nachts zog er mit seinen Kumpanen durch die Straßen Kopenhagens, prügelte sich mit den Wachen und zerschlug Fensterscheiben und Laternen.

Der Landgraf Carl von Hessen, Christians Schwager, berichtet in seinen Memoiren, dass das Verhalten Christians zunehmend bedenklicher wurde und er schließlich dem Minister Bernstorff anvertraute, dass der König wohl eine »geistige Störung« hätte. Bernstorff bestätigte das. »... er sei, wie man sich in Frankreich ausdrücke: fou de cœur.«

Aus diesem Grund waren die dänischen Minister daran interessiert, die Hochzeit mit Caroline vorzuverlegen, was bei Georg III. zunächst nicht auf Gegenliebe stieß. Er hielt seine Schwester mit kaum 15 Jahren noch für zu jung. Aber die Dänen ließen nicht lokker. Schließlich hofften sie, dass Christians vor allem sexuelle Ausschweifungen in ruhigere Bahnen gelenkt würden, sobald er eine junge Ehefrau an der Seite hatte, was sich schon ziemlich bald als großer Irrtum herausstellen sollte.

Das war also der Mann, mit dem Caroline Mathilde am 1. Oktober 1766 in London offiziell vermählt wurde.

»Liebe ist etwas Ideelles, Heiraten etwas Reelles; und nie verwechselt man ungestraft das eine mit dem anderen.« So weit Goethe. Es ist auch nicht anzunehmen, dass Caroline Mathilde sich große Illusionen über ihre Ehe machte. Schließlich waren die Umstände alles andere als romantisch. Sie hatte Christian noch nie gesehen und ihr

Bruder vertrat bei der Hochzeit in London den abwesenden Ehemann.

Trauer und Angst, das waren wohl ihre Empfindungen. Die Augenzeugenberichte aus dieser Zeit erzählen nur von Tränen und rot geweinten Augen. Der Hofmaler hatte sich schon vor Wochen beklagt, dass er kein gutes Bild von der 15-Jährigen malen könnte, weil sie nur mit roten Augen und tränenüberströmtem Gesicht vor ihm säße.

Ob sie von den Gerüchten, die natürlich bis London gedrungen waren, etwas mitbekommen hat, ist zweifelhaft. Selbst der englische Botschafter in Kopenhagen Titley schickte offiziell nur positive Berichte. Aber Georg III. hatte andere Quellen und er war nicht umsonst so besorgt um seine kleine Schwester.

Aber was sie dort wirklich erwartete, konnte auch er nicht ahnen. Der offizielle Hofchronist Oettinger drückte das in seiner Geschichte des dänischen Hofes 1858 so aus: »Christian, der wie fast jeder Abkömmling der Oldenburger Race, schon von Natur aus wollüstig war und, kaum zum Jünglinge herangereift, sich den sinnlichen Ausschweifungen in die Arme warf, war dadurch frühzeitig matt, abgespannt und träge geworden. Er liebte, mehr als alles, die Zerstreuung und hasste jede Beschäftigung, welche Nachdenken und geistige Anstrengung erforderte.«

Abschied und Reise nach Dänemark

»Ihro Maj. die Königin« wurde »dem Ober-Hofmeister Grafen von Bothmer auf der Brücke unterthänigst zugeführet und damit die mir bis dorthin anvertraute Aufwartung auf solche Weise geendet ...«

Mit sichtlicher Erleichterung berichtete Ober-Stallmeister von Mahrenholtz auf diese Weise seinem Herrn Georg III., dass dessen Schwester auf dem Landungssteg an der Elbe zu Altona am 18. Oktober 1766 ordnungsgemäß den dänischen Behörden übergeben worden war. Eine kostbare Fracht hatte den Besitzer gewechselt.[6]

Nicht nur Mahrenholtz konnte nun aufatmen. Eine monatelange bis ins kleinste Detail geplante Reise war beendet, zumindest für die Behörden Georgs III.

Seit Monaten hatten sich die Kanzleien in London und Hannover mit den logistischen und protokollarischen Fragen beschäftigt. Sogar die Farbe der Uniformen, die die Musiker tragen sollten, wenn sie Caroline Mathilde bei ihrer Überfahrt über die Elbe begleiteten und wer in welcher Schaluppe in welcher Reihenfolge dem königlichen Boot folgen durfte, stand Wochen vorher fest. Wer glaubt, der bürokratische Dschungel sei eine Erfindung unserer Zeit, kennt die entsprechenden Amtsstuben des 18. Jahrhunderts nicht.

Als Vorlage diente die Reise von Carolines Tante Louise, die 24 Jahre zuvor ebenfalls von London nach Kopenhagen unterwegs gewesen war, um einen dänischen König, Christians Vater, zu heiraten.

Die Reiseroute wurde minutiös geplant. Da es ab Utrecht, in der Gegend, die es zu durchqueren galt, nur schiffbare Wasserstraßen in

Nord-Süd-Richtung gab, wurde die Reise in einer mit sechs Pferden bespannten Kutsche auf dem Landwege fortgesetzt, was Caroline Mathilde sicher begrüßt haben wird nach der stürmischen Überfahrt über den Kanal nach Rotterdam, auf der sie tagelang seekrank war.

Die wichtigste Verbindung zwischen den Niederlanden und Altona, der Stadt, in der Caroline Mathilde dänischen Boden betreten sollte, war die so genannte »Flämische Straße«, die seit Jahrhunderten von den Niederlanden über Lingen und Wildeshausen nach Bremen und Hamburg führte.

Der Zustand der Straßen war insgesamt schlecht. Die sandigen Wege im Flachland, die durch Marsch und Moor führten und bei Regen oft grundlos wurden, waren häufig überflutet. An manchen Stellen wurde durch Aufschichtungen von Kies und Steinen, selten durch grobe Pflasterung das Befahren erleichtert. Häufig blieben Kutschen mit einem Achsenbruch liegen und die Reisenden mussten sich und ihr Gepäck bis zum nächsten Dorf zu Fuß schleppen.

Erst ab 1768 begann man mit dem Bau von so genannten Chausseen, Kunststraßen. Die Poststraßen neben den Frachtwegen waren besser ausgebaut und man kam schneller vorwärts, aber nicht jeder durfte diese Straßen benutzen.

Um eine reibungslose Reise der Königin zu ermöglichen, wurden genaue Aufstellungen gemacht über Meilenabstände und den Zustand der Wege zwischen den einzelnen Rastorten, die oft noch extra ausgebessert worden waren. Die umliegenden Bauern wurden zur Bereitstellung ihrer Pferde angewiesen. Zum Beispiel wurde der zwei Meilen lange Weg von Wildeshausen bis Neuenkrug als sandig beschrieben. Auf dieser Strecke sollten die perlfarbenen Hengste vom Bauern Evers eingesetzt werden. Bauer Münwiels Gespann schwarzer Stuten sollte von Rothenburg bis Lauenbrügge, 1,5 Meilen »Berg auf Berg« die Kutsche der Königin ziehen. Allein auf der 15 Meilen langen Strecke zwischen Wildeshausen und Bremen wurden alle zwei Meilen die Pferde ausgetauscht, sodass die Reisegesellschaft zügig vorankam. Auf der gesamten Strecke war alle 20 Meilen eine Übernachtung eingeplant.

In seinem Befehl vom 16. September 1766 hatte Georg III. verfügt, dass ab Utrecht zwei »Leibwagen«, einer als Reserve, für seine Schwester bereitgehalten werden sollten. Außerdem vier Reisekutschen für das Gefolge und drei Gepäckwagen. An jeder Relaisstation wurden zusätzlich 116 Pferde für die Wagen der Begleitung und des Gepäcks bereitgestellt.

Denn neben der Königin mussten auch noch insgesamt 53 Personen befördert werden: Drei Hofdamen und zwei Kavaliere, Graf Bothmer, vier Kammerherren und fünf Kammerfrauen, zwei Jungfern für die Garderobe, vier Lakaien, ein Oberstallmeister und drei Bediente, der königliche Kammerjunker von Wangenheim, der königliche Hofjunker Graf von Kilmannsegge, vier Pagen und deren Informator, Stallmeister Kompe, Reisewagenmeister Bradenhof, Küchenmeister und Küchenschreiber, ein Konditor, ein Kellerbedienter, vier Köche, acht Hoflakaien, ein Tapezierer.

Der Zug der Königin sorgte sicher überall für Aufsehen. Wie mag sie sich gefühlt haben?

»Sir, wir sind nun neun Meilen vor Rotterdam und werden hoffentlich heute Abend dort ankommen. Wir hatten, wie der Captain sagt, eine sehr gute Reise, aber ich denke, es war eher ein Sturm ... Ich war sehr krank, aber jetzt geht es mir Gott sei Dank wieder besser und ich warte sehr ungeduldig darauf, die Yacht zu verlassen.«

Das ist einer der beiden Briefe, die von dieser Reise erhalten sind und den Caroline Mathilde am 8. Oktober 1766 an ihren Bruder Georg schrieb, nachdem sie die stürmische Überfahrt von Harwich über den Kanal nach Rotterdam glücklich überstanden hatte.

Der St.-James-Palast und die beiden Häuser ihrer Eltern in London und das White House in Kew waren insgesamt nicht mehr als wenige Meilen voneinander entfernt. Das waren die geografischen Dimensionen, in denen sich ihr Leben bis zu diesem Zeitpunkt abgespielt hatte. London – Kopenhagen: Dazwischen lagen 600 Meilen, auf Straßen, die mit denen in England nicht annähernd konkurrieren konnten, über den Ärmelkanal, über Flüsse und Kanäle, jeden Abend in einem anderen Quartier.

Caroline Mathilde unterschrieb den Brief an ihren Bruder mit »Your Majesty's Dutiful Subject and Sister«. Ebenso einen weiteren Brief aus Altona. Und so fühlte sie sich wohl auch: als Untertan ihres königlichen Bruders, auf dessen Befehl sie diese weite Reise in ein ihr unbekanntes Land unternahm, um niemals wieder in ihr Heimatland zurückzukehren.

Da half es auch nicht viel, dass er ihr als ihr »most affectionate Brother« in seinem Abschiedsbrief zugesichert hatte, dass es niemanden gäbe, der sie mehr lieben würde und ängstlicher wäre, dass sie wirklich glücklich würde.

Da half es ebenso wenig, dass ihre Mutter ihr zum Abschied einen Ring mit der Inschrift »May it bring thee happiness« (Möge er dir Glück bringen) geschenkt hatte.

Caroline Mathilde hatte schon vor der Abreise für sich erkannt, dass es für sie wohl glücklicher wäre, »ich bliebe das, was ich bin, als dass ich um eines Prinzen willen so weit reisen soll, den ich niemals gesehen habe«.

Die Reise war ein Wechselbad zwischen Einsamkeit in den Weiten der Moore, die sie durchfuhren, und jubelnden Menschenmengen in den Orten.

»Eine Wolke von Sand umgibt den Reisenden«, schrieb jemand, der zur selben Zeit unterwegs war. Heide. Schafherden. Einzelne verdorrte Bäume, in denen der Wind pfiff. Morgens kroch der Nebel hoch. Flachs, Roggen, Buchweizen. Eine arme, menschenleere Gegend.

Sobald der Zug der Kutschen aber in die Nähe von menschlichen Ansiedlungen kam, wurde er von begeisterten Menschen umringt, die Caroline Mathilde als der Königin von Dänemark zujubelten.

Sie war das Hofleben nicht gewöhnt, kannte keine Schmeicheleien und Ehrenbezeugungen. Und hier stand sie auf einmal im Mittelpunkt. In den kleineren Dörfern hatte man Ehrenpforten errichtet. Bauernmädchen standen in ihren Trachten mit blumengefüllten Körben Spalier, überreichten Früchte und sagten Gedichte auf.

»Ihro Majestät geruheten diese Bewillkommnung, wie auch ein Ihnen von den jungen Gärtnerinnen auf einem samtenen Kissen überreichtes, durchaus mit goldenen Buchstaben auf weißen Atlas gedrucktes, in rothes Mohr gebundenes und mit goldenen Spitzen besetztes Gedicht, überaus gnädig entgegenzunehmen.«

Ihre Ankunft in Bremen glich einem Triumphzug. Die Kanonen auf den Stadtwällen wurden abgefeuert, die Glocken der Kirchen läuteten und Trompeter bliesen von den Türmen der Stadt. Die Schiffe auf der Weser hissten ihre Flaggen und die Bürger standen mit Gewehr bei Fuß Spalier in den Straßen. Abends fuhr Caroline Mathilde nach einer zu ihren Ehren gegebenen Marschalltafel durch die hell erleuchtete Stadt.

In Harburg bei Altona erwartete sie sogar ein Feuerwerk mit Lichtkugeln, Pfauenschwänzen und Sonnen. Die Inschriften auf der Ehrenpforte in Altona lauteten: »Sie kommt, mit ihr die Freude wieder.« Oder: »Willkommen, holde Lust der Britten. Hier blüht uns ein hoffnungsreiches Feld. Sie geht Göttinnen gleich.«

Zumindest in diesen Momenten wird wohl die Neugier und Begeisterung über den Abschiedsschmerz gesiegt haben. Denn all das galt ihr. Die Menschen freuten sich, sie zu sehen, und jubelten ihr zu.

In Altona wurde sie am 18. Oktober dem dänischen Oberhofmeister Graf von Bothmer »übergeben«. Als äußeres Zeichen wurde hier auch der Hofstaat ausgetauscht. Die englischen Bediensteten kehrten nach London zurück. Und Caroline Mathilde lernte ihre dänischen Hofleute kennen.

Ihre englische Kammerfrau Bowlby wurde ersetzt durch die Oberhofmeisterin Louise von Plessen, einer streng pietistisch gläubigen 42-jährigen Frau. Georg III. hatte Caroline bezüglich der neuen Bediensteten den Rat gegeben: »Sie steht auf der Seite der Franzosen, ist sehr intrigant und wird versuchen sich einzuschmeicheln. Daher muss man ihr gegenüber besonders vorsichtig sein.«

Die vertraute Kammerfrau Mary Bowlby ersetzt durch eine französische Spionin. Caroline Mathilde nahm es zunächst mit dem nötigen Humor und erstaunlich gelassen. »Ich denke, dass ich ziemlich sicher davor bin, von ihr getäuscht zu werden«, schrieb sie am Tag vor ihrer Abreise aus Altona an ihren Bruder in ihrer gleichmäßigen Kinderschrift, »denn sie hat schon das Aussehen einer Schwindlerin. Sie sagt mir den ganzen Tag, wie sie und der Rest ihrer Landsleute mich lieben, obwohl sie mich doch noch nie gesehen haben. Und sie muss immerzu weinen, wenn sie daran denkt, wie ähnlich ich meiner Tante sehe. Ich mag Frau D ... viel lieber, sie ist höflich und schmeichelt mir nicht. Sie scheinen sich nicht zu verstehen, was meine gute Meinung über die Kammerfrau nur bestätigt.«

Tatsächlich aber sollte Frau von Plessen schon bald ihre einzige wirkliche Vertraute am dänischen Hof werden, eine der wenigen, die auch später in der Verbannung zu ihr hielten, sie regelmäßig besuchte und ihr sogar gegen alle Verbote durch Freunde in Kopenhagen Informationen über ihre Kinder besorgte.

KOPENHAGEN

Hochzeit

»Le roi en est très content.« Der König ist sehr zufrieden.
Sie *»hat alles, um einen Ehemann zu befriedigen*
und ihn glücklich zu machen.«

Die Rede war von Caroline Mathilde und geschrieben hat diese Zeilen Andreas von Bernstorff, der sie bei ihrer Ankunft in Kopenhagen beobachtet hatte. Er fuhr fort: »Ihr Äußeres ist angenehm und ohne wirklich hübsch zu sein, hat sie etwas, das gefällt. Schöne Augen, blendend weiße Haut, eine schöne Brust, ungezwungene Haltung.« Das Einzige, was ihm nicht so gefiel, waren ihre vorgeschobenen Lippen und die abfallenden, nach unten dicker werdenden Wangen. Ihre Korpulenz hat ihn nicht sehr gestört, denn »jeder ist entzückt über ihre Sanftheit und die Lebhaftigkeit ihres Geistes«.[7]

Christian VII. war also zufrieden, vom Äußeren seiner Frau angenehm überrascht, aber er hatte dennoch kaum vor, sein Leben auf Dauer zu ändern. Schließlich hatte er offen verkündet, dass er vorhatte, eine Ehe »à la mode« zu führen. Was das hieß, wusste man spätestens seit den Kupferstichen des englischen Malers und Gesellschaftskritikers William Hogarth, der 1743 in einer Folge von sechs Gemälden die »marriage à la mode« kritisch hinterfragte. Die Ehe von Adeligen und Reichen des 18. Jahrhunderts wurde aus materiellen, politischen oder sonstigen Gründen geschlossen, keinesfalls aber aus gegenseitiger Zuneigung. Sie war eben nur ein Zweckverband.

Jeder der Ehepartner ging danach seiner Wege, hatte eigene Liebschaften, man traf sich morgens zum Frühstück, nachdem jeder die

Nacht auf seine Weise verbracht hatte, und hatte ansonsten nicht viel miteinander zu tun.

Die Erwartungen an Caroline Mathilde waren extrem hoch. Sie sollte dort Erfolg haben, wo Minister und Erzieher gescheitert waren: aus Christian einen Monarchen zu machen, der sich aus der Politik heraushielt, aber so weit gezähmt war, dass er die Monarchie und damit die Macht der Minister nicht durch seine Exzesse gefährdete.

»Es wäre ein ganz besonderes Glück, wenn diese junge Prinzessin das leichtsinnige und unbeständige Temperament des Königs unter Kontrolle halten könnte«, wünschte sich Andreas von Bernstorff. Und dass Gott diese Verbindung stärken und segnen möge, denn er war sich der Gefahr bewusst, dass »dieser Prinz in Hände fällt, die seinen Charakter und seinen Geist mehr zerstören als ihn bessern«. Damit spielte er wohl auf den Grafen Holck an, der als »maître de plaisir« hauptverantwortlich für die ausschweifenden Vergnügungen war, denen Christian sich hingab und den Caroline Mathilde aus diesem Grund von Anfang an hasste.

Zunächst aber begann alles äußerst prunkvoll mit der Hochzeit in Kopenhagen. »Es lebe König Christian der Milde mit Seiner Caroline Mathilde!« So sangen 18 als Gärtnerinnen verkleidete, Blumen streuende junge Mädchen, als der königliche Paradewagen, gezogen von acht weißen Hengsten, durch das Nordtor in Kopenhagen einfuhr. Pauken und Trompeten stimmten ein, von den Kirchtürmen läuteten die Glocken und von allen Batterien auf den Stadtwällen wurden die Kanonen abgefeuert.

Es war der 8. November 1766. Caroline Mathilde war der strahlende Mittelpunkt einer Märchenhochzeit.

Alle Würdenträger des Landes, Ritter des Elefantenordens, Minister, auswärtige Botschafter, Bürger, alle waren sie versammelt, begleiteten den königlichen Zug per Kutsche, zu Pferde oder standen Spalier am Rande der Straßen. Vier Stunden lang fuhren die Kutschen durch die Straßen der Stadt, bis sie vor dem Schloss Christiansborg ankamen. Auf einer mit einem roten Carmosintuch ausgelegten Treppe schritt Caroline Mathilde zu den königlichen Appartements.

Einige tausend brennende Kerzen, in Pyramidenform angeordnet, erhellten die Szene.

Die eigentliche Vermählung nahm Bischof Harboe in der Schlosskapelle vor. Christian hatte das Motto für die Predigt selber ausgewählt, den Psalm 111, Vers 2: »Wie gewaltig sind die Taten des Herrn! Alle, die Freude an ihnen haben, denken ständig über sie nach.«

Der Rittersaal, wo die königliche Tafel gehalten wurde, war extra für diesen Tag renoviert worden. 133 Gedecke aus goldenen Tellern und erlesenem Porzellan. Außerdem standen vier Marschalltafeln mit jeweils 106 Gedecken und weitere Tafeln bereit. Einige hundert Untertanen, »die mittels Billets den freyen Eintritt zur Gallerie hatten, genossen des Vergnügens, Zuschauer abzugeben«.

Besonders das Dessert wird sie erfreut haben. In der Mitte eine Gruppe von vier Seepferden mit einer Muschelschale. Darinnen saß zur Verzierung die Göttin Venus, die ein Horn des Überflusses hielt, aus dem der Wein in das dafür vorgesehene Bassin floss. Körbe, gefüllt mit Früchten aller Art, standen zwischen englischen und dänischen Landschaften. Inschriften, die die Tugenden der Königin lobten, und Verse aus Psalmen. Allein die Beschreibung des Desserts nimmt im Altonaischen Merkur vom 18. November 1766 eine halbe Seite ein.

Und auch an den darauffolgenden Tagen folgte ein Festessen dem anderen, abends fanden Maskenbälle statt, deren Pracht die Bewohner von Kopenhagen in Erstaunen versetzte, denn so etwas hatten sie seit 40 Jahren nicht mehr gesehen. Hofleute und Bürger, alle waren begeistert und erhofften sich viel von dieser Verbindung.

Und Caroline Mathilde? War sie auch zufrieden? Es gibt keinen Brief, in dem sie sich über das Äußere Christians VII. äußert oder darüber, wie die Hochzeitsfeierlichkeiten auf sie gewirkt haben.

Sie war 15 und hatte bis dahin noch kein ähnlich prächtiges Fest erlebt, denn ihre Mutter hatte sie von den Hoffeierlichkeiten in London ferngehalten. So wird sie die Feiern genossen und wahrscheinlich in diesen Tagen noch an eine glückliche Zukunft an der Seite Christians geglaubt haben.

Andererseits liegt in den Royal Archives ein Brief vom 11. November 1766 an ihren Bruder, der einen ersten Einblick in die Beziehung zwischen ihr und Christian gibt. Es geht um ein eher unbedeutendes, aber doch sehr aussagekräftiges Ereignis. Sie entschuldigt sich bei ihrem Bruder, weil sie in der Aufregung der Ankunft vergessen hatte, den Brief Georgs an Christian sofort abzugeben. Erst am dritten Tag fiel es ihr wieder ein. Mit einem Kurier schickt sie diesen Entschuldigungsbrief nach England, denn Christian hatte ihr gedroht, dieses Versäumnis an ihren Bruder zu melden. »Ich dachte, es wäre besser, ich gebe meinen Fehler selber zu, bevor er es Dir erzählt, wie er es angedroht hat.«

Kam es hier zum ersten Streit zwischen den beiden? Spielte Christian hier zum ersten Mal seine Macht über seine Frau aus, indem er sie demütigte und drohte, Georg III. von ihrem Versäumnis zu erzählen. Ihr Bruder hätte sicherlich Verständnis gehabt, denn er war es, der seiner Schwester Augusta in Braunschweig folgendes Bild über seinen Schwager vermittelte: »Er hat Angst, von irgendjemandem beeinflusst zu werden, und demütigt jeden, der in irgendeiner Weise versucht Einfluss auf ihn zu gewinnen. Darum kann Caroline nicht vorsichtig genug sein, alles zu vermeiden, was den Eindruck erwecken könnte, sie hätte solchen Einfluss auf ihn, obwohl ich natürlich hoffe, dass sie ihn gewinnen wird.«

Christian war bekannt dafür, dass er auf Förmlichkeiten keinen Wert legte. Warum sollte er auf einmal so ein Aufhebens um eine dreitägige Verspätung machen? Warum demütigte er seine Frau durch so eine kindische Drohung?

Wie auch immer. Eins steht auf jeden Fall fest: Die 15-jährige Caroline, die ihr bisheriges Leben in der Abgeschiedenheit der Gärten von Kew verbracht hatte, war in keiner Weise auf das vorbereitet, was sie im Alltag am Hof in Kopenhagen erwartete. Caroline sollte ihre Gedanken für sich behalten, schrieb ihr Bruder und versuchen »in den wirklichen Charakter der Menschen um sie herum hineinzutauchen, bevor sie sich öffnete«. Nur diese Vorsicht würde sie vor ansonsten »unvermeidlichem Ruin« bewahren.

Georg III. machte sich zu Recht Sorgen, aber er war weit weg in England und außer einigen beschwichtigenden Briefen erhielt sie erst wirkliche Unterstützung von ihm, als fünf Jahre später die Drohung im Raum stand, man würde sie wegen Ehebruchs hinrichten lassen.

Etikette und Langeweile am Hof

Man begegnet einem Fürsten *»gantz anders ..., wenn er seinem Stande gemäß aufgezogen«*, erklärte Johann Heinrich Zedler 1735 in seinem Universallexikon und fuhr fort: *»Der Fürst muss bey fremden sowohl als einheimischen Ansehen haben. Fehlt dieses, wer wird seinen Befehlen gehorchen? Wären alle Unterthanen von der tieffen Einsicht, dass sie den Fürsten wegen innerlichen Vorzuges verehrten, so brauchte es keines äußerlichen Gepräges; so aber bleibet der größte Theil derer gehorchenden an dem äußerlichen hängen.«*[8]

Fürstliche Hofhaltung also, damit den Befehlen des Herrschers die nötige Autorität verschafft wurde. Und dies wurde im 18. Jahrhundert an den absolutistischen Höfen Europas nach dem Vorbild von Versailles mit großem Aufwand betrieben. In dieser hierarchischen Ordnung mit dem König an der Spitze hatte jeder seinen festen Platz. Die Etikette und das Zeremoniell bestimmten das Leben und die Rangordnung am Hof. Kleidung, Geschmack, Bewegungen, Unterhaltung, der gesamte Tagesablauf, alles verlief nach strengen Regeln.

Ein ständiges Gerangel um die Gunst des Königs und einen Aufstieg innerhalb der Rangordnung bestimmte das Verhalten aller Höflinge, die sich vor allem »höflich«, das heißt hofgemäß (hovelich) benahmen.

»Augenscheinlich hat alles den Schein einer besonderen Höflichkeit«, schrieb Zedler. Aber dadurch würde die Verleumdung nur wahrscheinlicher. Niemand könnte glauben, dass am Hofe unter dem Deckmantel der Höflichkeit so viel Feindschaft stecken könnte. »Stehe also auf deiner Hut«, riet er daher angehenden Höflingen, »und lass dich durch die glatten Worte des anderen nicht einschläfern und vertraue ihnen nicht dein Herze, sondern verfahre in allen deinem Thun und Reden klüglich.«

Wie hatte Caroline noch in London gegenüber dem dänischen Botschafter so treffend erkannt, dass sie sich mit Blumen besser auskennen würde, als mit den Schmeicheleien der Höflinge.

Glaubt man Adolph Freiherr von Knigge, den wir heute ja meist nur mit seinen Benimmregeln in Verbindung bringen, der aber zu seiner Zeit ein äußerst kritischer Gesellschaftsbeobachter war, so war das Leben an den europäischen Höfen des 18. Jahrhunderts keinesfalls erstrebenswert. Es war geprägt durch »... Neid, Bosheit, Unwissenheit, Selbstgenügsamkeit bey der entschiedensten Dummheit; Langeweile, Schmeicheley, Ränke, Schlaffigkeit, Verderbniß der Sitten, Frivolität, Inconsequenz, Krankheit der Seele und des Leibes«.

Nach Zedler fand man bei Hofe vor allem »Augen-Lust, Fleisches-Lust und hoffärtiges Leben«, wobei man ähnliche Sitten auch außerhalb des Hofes antreffen könnte. »Wer sündigen will, wird auch mitten unter denen frömmsten an denen heiligsten Oertern Gelegenheit dazu finden.«

Für die Hofgesellschaft war die Langeweile das größte Problem. Caroline selber schrieb an ihre Tante, dass alles, was man an einem Hof erwarten könnte, nur der »Abwechslung der Langeweile diente«.

Ursache war die Etikette, die keinen Platz für individuelle Wünsche und Pläne ließ. Das ursprünglich zur Machtdemonstration des Königs gedachte Zeremoniell war längst im formalen Selbstzweck erstarrt. Die vorgeschriebenen Handlungen wirkten oft sinnlos und lächerlich und wurden auch von den Menschen am Hof so empfunden. Zwei Anekdoten, die zu dieser Zeit kursierten, zeigen die Absurdität der Etikette: Philipp III. von Spanien wäre eines Tages fast vor seinem qualmenden Kamin erstickt, weil die spanische Hofetikette es ihm nicht erlaubte, sich ohne Hilfe seines Obersthofmeisters, der gerade nicht im Raum war, zu entfernen. Seine Frau wäre beinahe von einem Pferd zu Tode geschleift worden, als ihr Fuß sich in einem Steigbügel verfing, denn niemand durfte den Fuß einer Königin bei Todesstrafe berühren.

Aber trotz aller Kritik von innen und von außen war an eine Änderung oder gar Abschaffung nicht gedacht, denn die Etikette stabilisierte das System. Jede Reform hätte die Abschaffung lieb gewonnener Privilegien für den Einzelnen zur Folge gehabt, und wer das versuchte, würde sich jede Menge Feinde einhandeln. Und nach Zedler war die erste Regel für ein Überleben am Hofe, »nach äußersten Kräften sich angelegen seyn lassen, keinen Feind zu haben«.

Wenn es also keine Alternative zur starren Etikette gab, so musste man nach Möglichkeiten suchen, ihr zumindest zeitweise zu entkommen beziehungsweise sich ein wenig von ihr zu erholen.

»Es war eine Sache, worinn der König und die Königin mit ihren Neigungen überein kamen, und dieses hat nachher am meisten dazu beygetragen, Ihre Einigkeit, worinn sie gelebt, zu unterhalten. Dieß bestand darinn, dass Sie ihrer damaligen Lebensart äußerst überdrüssig waren, und selbst wünschten, ihren Stand zu verlassen.« So hat Friedrich Struensee, der Vertraute Christians VII. und der Geliebte der Königin, es später in seiner Verteidigungsschrift vor Gericht erklärt.

Christian VII. versuchte immer wieder auszubrechen, indem er seinen Erzieher Reverdil und später seinen »maître de plaisir« Brandt zu überreden versuchte, mit ihm das Land zu verlassen, Soldat zu werden oder Schauspieler. Auch Caroline Mathilde stellte, als die Situation in Kopenhagen schwierig wurde, Überlegungen an, ob sie nicht durchaus auch als Sängerin leben könnte. So unrealistisch diese Ideen auch waren, sie zeigen die Sehnsucht und die Unzufriedenheit mit dem Leben am Hofe.

Reelle Fluchtmöglichkeiten vor der Langeweile und dem Überdruss boten die zahllosen Vergnügungen. Christian VII. besaß in dem Grafen Holck, später in Brandt, einen »Vergnügungsmeister«, dessen Hauptaufgabe darin bestand, sich immer Neues auszudenken, um den König und seine Gesellschaft zu amüsieren. Oft wurden Schauspieltruppen engagiert, die in dem eigens im Schloss errichteten Theater französische und italienische Stücke aufführten.

Während Carolines Rolle sich auf die einer Zuschauerin beschränkte, beteiligte sich Christian oft selber als Schauspieler. Die Meinungen hierüber waren eher geteilt. Während ihm Andreas von Bernstorff ein gewisses Talent nicht absprach, so wollte der Dichter Klopstock dem König am liebsten »sagen, dass, ob er gleich schön spielte, doch lieber nicht spielen möchte«.
Im Winter wurden Schlittenfahrten organisiert, man ging auf die Jagd und vergnügte sich auf den zahllosen Bällen. Christian entdeckte insbesondere die Maskenbälle als Möglichkeit, sich für Momente davonzustehlen.
Maskenbälle gehörten in England und Frankreich schon lange zu den beliebtesten Vergnügungen, wenn auch zu den umstrittensten: »Niedergang der Zivilisation, Frivolität und Freiheit, sexuelles und moralisches Chaos, eine befreiende Flucht vor allem Anstand«, so wetterten alle, die sich um die Moral der Gesellschaft Gedanken machten.
Andreas von Bernstorff schrieb schon im November 1766, kurz nach der Hochzeit, dass die Dominobälle die Neugier der Bürger erweckt hätten, die seit vierzig Jahren solche Schauspiele nicht gesehen hätten. Er machte sich Sorgen und warnte den König keine Maskenbälle abzuhalten, aber der König wollte sich vergnügen und war zu begeistert von der Vielzahl des Amüsements, die diese Form der Bälle mit sich brachte. Christian wechselte die Masken mehrfach an einem Abend, tauchte unter und ließ seinen Kammerdiener nach ihm suchen.
Der Hof vergnügte sich und das dänische Volk, das ohnehin unter der Last hoher Steuern litt, zahlte und schaute zunehmend verstimmt auf den Hof. Noch war das Volk bereit zu leiden, weil die Menschen sich als Zuschauer irgendwie am Glanz ihres Königs mitberauschten, wie Reverdil es erklärte, aber die Kritik an der Verschwendung bei Hofe wuchs.
Die Nachrichten vom König, was seine Regierungstätigkeit anbetraf, beschränken sich in dieser Zeit darauf, zu erwähnen, dass er seine Unterschrift unter Beförderungen gesetzt hatte. Die Minister waren

zufrieden. Christian verhielt sich wie erhofft ruhiger, seitdem er verheiratet war. Dass die Vergnügungen in erster Linie für ihn arrangiert wurden, damit er nicht wieder randalierend durch Kopenhagen zog, erwähnte niemand. Die Person des Königs war noch unantastbar und sein Verhalten außerhalb jeder Kritik.

Als im Winter 1767 die Brauerei, die zum Palast gehörte und nur durch einen Kanal von ihm getrennt lag, abbrannte, nahm der deutsche Prediger Münter dies als Zeichen des Himmels und wetterte in seiner Predigt in der Kirche St. Petri gegen den König und die Vergnügungen am Hofe. Er sah Unheil für die ganze Nation voraus, wenn diese Zeichen der Vorsehung nicht ernst genommen würden. Diese Predigt brachte Münter einen strengen Verweis ein, aber die Menschen applaudierten ihm, denn er hatte nur das ausgesprochen, was sich die anderen nicht zu sagen trauten.

Die Minister waren beunruhigt und suchten nach Lösungen, welche weiteren Schaden für das Ansehen des Königs verhindern sollten. Für die Menschen in Kopenhagen war der Schuldige schnell gefunden. Da diese Flut von Vergnügungen erst mit dem Eintreffen Caroline Mathildes eingesetzt hatte, wurde sie als Ursache für die Vergnügungssucht des Hofes ausgemacht und für schuldig erklärt. Ehe Caroline Mathilde es noch ahnte, war sie bereits Opfer einer Intrige geworden, denn geschürt wurden diese Berichte durch die Königinwitwe Juliane Marie, die aus ganz persönlichen Gründen Caroline ablehnte.

Dass Caroline Mathilde diese für sie ungewohnten Vergnügungen genoss, liegt auf der Hand. Sie galt als gute und begeisterte Tänzerin. Aber dass sie dafür verantwortlich war, ist kaum anzunehmen. Briefe und Memoiren aus der Zeit belegen, dass es der König war, der aus Langeweile nach immer neuen Vergnügungen verlangte, und dass seine Umgebung, allen voran Reventlou und dessen Neffe Sperling diese Bedürfnisse erfüllten.

Caroline Mathilde litt sehr unter den Verdächtigungen. Sie schrieb Briefe an ihren Bruder und beschwerte sich bei dem englischen Gesandten Gunning. Aber außer beschwichtigenden Briefen kam keine Hilfe aus London. Georg III. konnte und wollte ihr nicht helfen. Als englischer König konnte er sich unmöglich in so private Angelegenheiten eines fremden Staates einmischen. Und Caroline war nun mal keine britische Prinzessin mehr, sondern Ehefrau und damit auch Untertan des dänischen Königs.

Caroline Mathilde verbrachte das erste halbe Jahr aber keinesfalls nur mit Vergnügungen, sondern absolvierte auch ein beachtliches Besichtigungsprogramm, um ihre neue Heimat kennen zu lernen. Immer wieder hoben Beobachter dabei ihren großen Wissensdurst und ihr Interesse auch an kleinsten Details hervor.

Als beispielhaft kann die Zeit vom 28. März bis 8. April 1767 angesehen werden: Der »Altonaische Mercurius«, der seine Informationen direkt aus der Hauptstadt bezog, meldete seinen Lesern erfreut, dass sich die Königin alles anschaute, was in Kopenhagen sehenswert war.

Am Samstag, dem 28. März besichtigte sie am Vormittag den astronomischen Turm und ließ sich die verschiedenen Instrumente erklären. Danach besuchte sie die Bibliothek der Akademie. Nachmittags machte sie eine Tour in der Kutsche durch die Gärten von Schloss Rosenborg.

Am Montag besuchte sie die Seidenfabrik in Kopenhagen, »wobey Ihro Majestät sowol die verschiedenen dabey vorkommenden Hanthierungen und Künste, als die allda in Vorrath fertigen Zeuge, mit so besonderer Aufmerksamkeit, zunehmend gnädigem Wohlgefallen, zu untersuchen geruheten«. Am selben Tag standen in Charlottenborg die Maler- und Künstlerakademie auf dem Programm und die königliche Seidenfabrik auf Amalienborg.

Am Mittwoch fuhr sie nach Christianshaven zur englischen Tuchfabrik und zum Erziehungshaus, das Frau von Plessen für arme Mädchen eingerichtet hatte. Danach ging es zur Porzellanfabrik nach Castrup.

Begleitet wurde sie auf diesen Fahrten von Christians Halbbruder Frederik, den seine Mutter Juliane Marie liebend gerne anstelle von Christian auf dem dänischen Thron gesehen hätte.

Am Freitag machte sie eine »Lustfahrt« zum »Lustgut« des Ministers

von Bernstorff, von da aus ging es zur Schimmelmann´schen Zucker-Raffinaderie, wo sie sich »alle zur Zucker-Raffinierung gehörige Kochereyen und Behandlungen vorweisen ließ«. Es folgten ein Besuch bei den Schiffbauern auf den Docks, eine Fahrt durch den botanischen Garten auf Amalienborg und zum Abschluss des Tages eine Besichtigung der Zitadelle Friedrichshaven.
Dann wieder ließ sie sich in Begleitung Juliane Maries, Frederiks und der Prinzessin Louisa auf Schloss Rosenborg die königlichen Kleinodien und die Denkmäler der dänischen Könige zeigen.
Für einen festlichen Höhepunkt sorgte die feierliche Krönung Christians VII. und Carolines am 1. Mai 1767. Dieser Tag wurde im ganzen Land als Festtag begangen. Tage- und seitenlang füllten genaue Beschreibungen des Ablaufs, der getragenen Kleidung, der Lobreden die Zeitungen. Die Glocken der Stadt läuteten, als das Königspaar in golddurchwirkten Gewändern die Kirche betrat, wo sie von drei Bischöfen, den ausländischen Botschaftern und den Adligen des Landes erwartet wurden.
Der Wahlspruch des Königs »Gloria ex Amore Patriae« (In der Liebe des Vaterlandes such ich meinen Ruhm) passte perfekt zu diesem Tag, an dem das Interesse eines ganzen Volkes nur darin bestand, seinem Herrscher zu huldigen.
Beförderungen und Ordensverleihungen für verdiente Bürger und Adlige umrahmten ihn. Auch das einfache Volk nahm Anteil. Schon Tage vorher waren die königlichen Kroninsignien beim Juwelier Fabricius zum Säubern abgegeben worden und konnten dort von den Bürgern besichtigt werden. Auch ein Ochse, der bei Festen wie zum Beispiel bei dem Geburtstag des Königs traditionsgemäß auf dem Vorhof des Schlosses für das Volk gebraten wurde, spazierte schon Tage zuvor in einer Prozession mit vergoldeten Hörnern geschmückt durch die Hauptstadt, bevor er dann am Krönungstag, gefüllt mit kleinen Tieren und Früchten, zubereitet und der Menge zur Verspeisung gereicht wurde. Aus den Brunnen der Stadt floss statt Wasser Wein, vom Balkon des Schlosses wurden Silberstücke zu den jubelnden Menschen hinuntergeworfen.

Der Frieden im Königreich schien wiederhergestellt, die Kritiker zunächst verstummt. Außerdem hatte Caroline Mathilde durchaus Anhänger, die sie schätzten und von ihr nicht mehr erwarteten, als sie unter den gegebenen Bedingungen leisten konnte. Andreas von Bernstorff beschreibt ihr Verhalten als sehr offen, natürlich, fröhlich und extrem lebendig. Sie habe einen klaren Verstand. Nur manchmal ginge sie in ihrer Lebendigkeit etwas zu weit. Aber man könnte ja auch unmöglich von ihr eine Vorsicht und Gelassenheit erwarten, die sie in ihrem Alter noch gar nicht haben könne und die ihrem Charakter nicht entspräche. Insgesamt sei sie sehr liebenswert und sehr interessant.

Ehealltag und Eskapaden

»Es kann ihr ... wer da will, nur ich nicht!«, sprach Christian VII. am Abend seiner Hochzeit zu seinem Kammerdiener und machte keine Anstalten, sich in das Schlafgemach seiner Frau zu begeben. Und sein Erzieher Reverdil bekräftigte, dass der König wohl keine Kinder bekommen hätte, wenn er nicht an seine Eitelkeit appelliert und ihm erklärt hätte, dass man an seiner Männlichkeit zweifeln könnte, falls es nicht in absehbarer Zeit sichtbare Beweise geben würde.[9]

Bei dieser Einstellung verwundert es nicht, dass schon einige Tage nach der Hochzeit Beobachtern am Hofe die auffallende Blässe und Niedergeschlagenheit der Königin auffiel. Der französische Botschafter Ogier schrieb am 25. November 1766 nach Paris, dass die englische Prinzessin offensichtlich kaum Eindruck auf das Herz des Königs gemacht habe. Und selbst wenn sie noch liebenswerter wäre, würde sie ein ähnliches Schicksal erleiden. Denn wie könnte sie einem Mann gefallen, der ernsthaft glaubte, es wäre nicht der gute Ton für einen Ehemann, seine Frau zu lieben.

Nach Reverdil behandelte Christian seine Frau mit Kälte und Indifferenz. Der König soll einmal gesagt haben, dass eine »königliche Person in seinem Bett eher ein Gegenstand von Respekt als von Liebe« wäre. Ehemann und womöglich Vater zu sein wäre ihm zu »schwer wiegend« und mache ihn unfrei.

Sein Schwager Carl von Hessen, der mit ihm am Kopenhagener Hof aufgewachsen war, schreibt in seinen Memoiren, dass er häufiger mit Christian über die Ehe gesprochen habe. Christian hätte eine

»maßlose Leidenschaft für die Frauen«, schreibt er, aber die Ehe wäre für ihn der »größte Zwang«. Er wollte ein Ehemann »à la mode« sein, in der Ehe seine Pflicht tun, sprich einen Nachfolger zeugen, und ansonsten seiner »fast unbesiegbaren Neigung, sich Ausschweifungen zu ergeben« nachgehen.

Carolines Vorstellungen von der Ehe waren wohl eher von ihrem Lieblingsautor Gellert geprägt, der betonte, dass die Ehe ein von Gott verordneter Stand sei. Und wenn es nicht den Wünschen gemäß verliefe, sollte man »das Beschwerliche desselben als ein Theil unsers Schicksals ansehen, das Gott aus weisen Ursachen über uns verhängt, das wir mit Geduld zu tragen und durch Klugheit und Güte zu verbessern suchen sollen. Die vernünftige Frau, hat sie nicht oft den bösen Charakter ihres Mannes durch Liebe, durch weise Bescheidenheit und Nachsicht, durch anhaltende Geduld glücklich umgebildet? ...«

Eine schwere, fast unmögliche Aufgabe für eine 15-Jährige, die noch dazu an einem ihr völlig fremden Hof lebte, von Menschen umgeben, die nicht ihre Muttersprache sprachen und mit der Warnung ihres Bruders im Ohr, sich niemandem anzuvertrauen, ehe sie nicht ganz sicher wäre, dass derjenige das vertrauliche Gespräch nicht zu einer Intrige gegen sie benutzen würde.

Die einzige Vertraute in dieser Zeit war ihre Oberhofmeisterin Louise von Plessen, vor der sie allerdings von ihrem Bruder auch gewarnt worden war. Aber schon am 11. November schrieb Caroline Mathilde aus Kopenhagen an ihn, dass Frau von Plessen doch nicht so übel wäre, wie sie anfangs gedacht hatte, und dass sie ihr sehr nützlich sei, indem sie sie über die Charaktere verschiedener Menschen am Hofe aufgeklärt habe.

Frau von Plessen, in Kopenhagen aufgewachsen, hatte dort den dänischen Offizier Christian Siegfried von Plessen mit 19 Jahren geheiratet. Die Ehe blieb kinderlos, und als ihr Mann mit 39 Jahren starb, zog sie sich auf ihr Landgut Kokkedal zurück. Sie bewarb sich 1766 um den Posten als Oberhofmeisterin und wurde von der Königingroßmutter Sophie Magdalena, den Ministern Bernstorff und Reventlou sofort engagiert. Carl von Hessen berichtet, dass man glaubte in ihr einen wahren »Schatz« gefunden zu haben. Er selber bezeichnet sie als sehr »resolute Person« und erinnert sich an zwei Vorfälle, als Frau von Plessen sogar den Mut besaß, im Interesse der Königin gegen den Willen des Königs zu protestieren: Als 1766 alle auf die Ankunft der Königin aus Altona warteten, erschien plötzlich in Kopenhagen beim Ministerrat ein Bote und teilte im Namen Frau von Plessens mit, dass sie die Reise unterbrochen habe, da die Königin erschöpft sei und eine längere Zeit der Ruhe brauchte.

Nach einer verblüfften Pause gab Minister Bernstorff den Befehl, es sei auf der Stelle aufzubrechen, da alle Nachtquartiere und die Pferde schon bestellt seien und die Befehle des Königs nicht geändert werden könnten.

Den zweiten Vorfall, der noch größeres Aufsehen erregte, schildert Carl von Hessen so: In den ersten Tagen nach der Ankunft in Kopenhagen wurden verschiedene Bälle auf Schloss Frederiksberg veranstaltet. Zum Abschluss des Abends wurde der Kehraus getanzt, ein ländlicher, ziemlich wilder Tanz, in dem alle in einer Polonäse durch das gesamte Schloss zogen.

Als der König Carl von Hessen, der mit seiner Frau die Gesellschaft anführte, befahl, durch die Zimmer der Königin zu tanzen, stellte sich Frau von Plessen ihm »wie ein Dragoner« entgegen. Als Carl auf erneuten Befehl die Zimmer doch betrat, schlug Frau von Plessen »einen entsetzlichen Lärm und alles fiel über mich her. Das missfiel dem König sehr.« Christian, der jede Opposition hasste, machte sie daraufhin zum Opfer seiner zahllosen Späße. Einmal lockte er sie auf einer Schlittenfahrt in seinen Schlitten, ließ plötzlich anhalten und stieß sie in den Schnee. Jedes Mal, wenn sie sich mühsam aufgerichtet hatte, schubste er sie erneut. Die Hofleute standen herum, mokierten sich oder schauten entsetzt, aber keiner griff ein. Christian war schließlich der König und seine Handlungen durften nicht kritisiert werden. Erst als sich der Schlitten mit Caroline Mathilde näherte, ließ er sie in Ruhe.

Die Meinung der Hofgesellschaft über Louise von Plessen war durchaus zwiespältig. Die einen bezeichneten sie als »bösartige Frau«, die anderen als »ehrlich, sehr sittenstreng, stolz und aufsässig«. Sie galt als politisch ehrgeizig und mischte kräftig bei den Intrigen am Hofe im Sinne der französischen Politik mit. In ihrem Zimmer versammelten sich zweimal in der Woche nach dem Essen beim König die Unzufriedenen, Minister und alte Höflinge, und besprachen die Lage.

In zwei Punkten stimmen aber die meisten Zeitgenossen überein: Wäre Frau von Plessen nicht Anfang 1768 aus politischen Gründen aus dem Land gewiesen worden, sondern hätte als vertraute Beraterin bei der Königin bleiben können, wäre diese »nicht der Verirrung ausgeliefert gewesen, die die Ursache ihres ganzes Unglücks war«. Andererseits machte man Frau von Plessen aber für die »Unstimmigkeiten« zwischen König und Königin verantwortlich. »Man behauptete, dass die Frau von Pleß hierzu am meisten beytrage, indem sie die Königin verhinderte, dem König selbst die geringsten Gefälligkeiten zu erzeigen. Sie hatte gegen alle Welt einen sehr hochfahrenden Ton angenommen.«

Als strenge Pietistin lehnte sie die Einstellung Christians zutiefst ab, denn Sexualität sollte auf die Ehe beschränkt bleiben.

Wie man mit einem Lüstling umzugehen hatte, war den meisten Damen des 18. Jahrhunderts bestens bekannt. 1740 war in England Samuel Richardsons Briefroman »Pamela or Virtue Rewarded« erschienen, der zur Lieblingslektüre Frau von Plessens gehörte. Der erste Bestseller der englischen Romangeschichte begann rasch seinen Siegeszug durch ganz Europa.

Die Botschaft: Durch Zurückhaltung und Zurückweisung wird die Leidenschaft eines Ehemannes gesteigert. Er wird dich achten und dir voll Respekt begegnen. Aus einem skrupellosen Lüstling machte Pamela durch tugendhafte Zurückhaltung einen treuen Ehemann.

Caroline vertraute ihrer Oberhofmeisterin, wem sollte sie auch sonst vertrauen? Als Christian sie in den ersten Wochen ihrer Ehe aufsuchte, zeigte sie ihm daher oft die kalte Schulter. Sie ließ ihn warten, während sie mit Frau von Plessen ein Schachspiel nach dem anderen spielte, bis er schließlich zornig ihr Zimmer verließ.

Aber was im Roman so erfolgreich funktioniert hatte, bewirkte bei Christian das Gegenteil. Seine Begeisterung für seine Frau hatte sich ohnedies in Grenzen gehalten. Jetzt interessierte sie ihn überhaupt nicht mehr. Er behandelte sie herablassend, beleidigte sie vor dem ganzen Hof mit dem Ergebnis, dass auch die Höflinge sie nicht mehr ernst nahmen. Zunehmend kehrte Christian zu seinen alten Vergnügungen zurück und zog mit seinen Kumpanen randalierend durch Kopenhagen.

In dieser Zeit bemerkte sein Schwager Carl von Hessen eine zunehmende geistige Verwirrung an ihm. Christian trieb immer sonderbarere Späße mit Familienmitgliedern und Pagen. Wenn Familientafel bei seiner Großmutter war, rief er, kaum dass die Suppe gegessen war, seine Pagen und verfolgte Carl mit einem Degen in der Hand. Vor allem seine Großtante Amalie hatte unter ihm zu leiden. Einmal befahl er seinem Pagen Warnstedt, sich als wilden Mann zu verkleiden und auf allen vieren ins Zimmer zu krabbeln. Die alte Frau war so verschreckt, dass sie sich auf ihre Gemächer verzog, »um nie zurückzukommen«. Sie rächte sich auf ihre Weise, indem sie ihren Großneffen enterbte und ihr Vermögen den Armen hinterließ.

Es war im April 1767, als Carl von Hessen seine Sorge um Christian dem Grafen Bernstorff mitteilte, dem er damit nichts Neues sagte. Allen Beteiligten war längst klar, dass Christians Verhalten, auch wenn man vieles seinem jugendlichen Übermut zuschreiben konnte, insgesamt nicht normal, sondern krankhaft war. Und allen war ebenso bewusst, dass man das vor der Öffentlichkeit geheim halten musste, um die eigene Position nicht zu gefährden.

Die Menschen in Kopenhagen murrten ohnehin schon unüberhörbar wegen der nächtlichen Eskapaden des Königs, die mit seiner offiziellen Rolle als gottgleicher Fürst in keiner Weise in Einklang zu bringen waren. Da kam die Sommerreise in die holsteinischen Provinzen Mitte Juni 1767 gerade recht. Traditionsgemäß besuchte der König nach seiner Krönung seine Lande.

Caroline Mathilde wollte ihren Mann begleiten, doch obwohl Rever-

dil und die Minister das befürworteten, weigerte er sich. Als Vorwand diente ihm die gerade bekannt gewordene Schwangerschaft der Königin. Sie sollte zu Hause bleiben und sich schonen.
In Wirklichkeit wollte er sich wohl nur ungestört seinen Vergnügungen hingeben, denn der Zweck seiner Ehe war erfüllt. An seiner Männlichkeit konnte keiner mehr zweifeln. Er war frei und das wollte er genießen – ohne seine Frau.

Schwangerschaft und Entfremdung

»Der König gab sich Mühe sie zu kopieren, vorausgesetzt sie waren nicht zu lang.« Die Rede war von den liebevollen Briefen, die eine hocherfreute Caroline Mathilde von ihrem Mann während der Holstein-Reise bekam. Was sie nicht wissen konnte, war, dass Reverdil diese Briefe verfasste, aus Mitleid mit ihr und weil er alles tat, um *»den Frieden in der Ehe wiederherzustellen«*.[10]

Sein Einfluss auf Christian war, vielleicht auch weil Graf Holck fehlte, immerhin so groß, dass er die Briefe, wenn auch murrend, gehorsam abschrieb. Ansonsten amüsierte sich Christian ganz gut auf der Reise vom 10. Juni bis zum 29. Juli, die ihn u. a. nach Hamburg und Traventhal führte. Überall, wo er hinkam, jubelten die Menschen. Es gab Theatervorführungen mit seinen Lieblingswerken von Voltaire, Corneille und Lessing, Galadiner und einen großen Maskenball.
Schon nach kurzer Zeit vermisste sein Erzieher Reverdil den Grafen Holck, der normalerweise für die Vergnügungen Christians verantwortlich war, aber auf Wunsch der Königin in Kopenhagen bleiben musste. Reverdil konnte ihn eigentlich gar nicht leiden, aber er fühlte sich überfordert bei der Suche nach immer neuen Zerstreuungen. Noch war Christian nur sehr aufgekratzt, aber keiner wusste, wo das hinführen könnte. Als erfahrener Pädagoge gelang es ihm dann, Christians Interesse auf die Befreiung der Bauern zu richten. Der König war für kurze Zeit begeistert von der Idee, etwas Gutes für sein Land zu tun und Ruhm zu erwerben. Er besichtigte mit seinem

Erzieher Mustergüter und schmiedete Pläne für eine Landreform. Im nächsten Moment fürchtete er sich vor dem Teufel und wandte sich an Reverdil um Hilfe, weil er ihn für einen Heiligen hielt. Und immer wieder gab es Fluchtversuche. Zusammen mit Reverdil wollte er das Land verlassen und konnte nur mit Mühe von der Aussichtslosigkeit überzeugt werden. Am ersten Tag in Traventhal verschwand der König für einen ganzen Nachmittag um alleine die Umgebung zu erkunden. Und auf dem Maskenball, den er sich in Hamburg zum großen Entsetzen aller für die Sicherheit des Königs Verantwortlichen gewünscht hatte, wechselte er gleich dreimal die Masken, um in der Menge unterzutauchen und für kurze Zeit frei von seiner verhassten Rolle als König zu sein.
In Dänemark herrschte zur selben Zeit große Freude, denn die Schwangerschaft der Königin hatte sich herumgesprochen. Den Zeitungsberichten nach zu urteilen scheint Caroline Mathilde in ihrer neuen Rolle als zukünftige Mutter des Thronfolgers die Zeit der Abwesenheit ihres Mannes durchaus genossen zu haben: Ihr »Allerhöchstwelcher Vergnügen darin besteht, Dero Zeit zwischen würdigen Leibes- und Gemüthsbeschäftigungen zu theilen«.
Sie hatte sich für die Sommerwochen aus Kopenhagen hinaus aufs Land nach Frederiksborg zurückgezogen. Zum Mittag- oder Abendessen traf sie sich mit den Königinnen Juliane Marie und Sophie Magdalena, die sich ebenfalls auf die königlichen Schlösser der Umgebung begeben hatten. Auf Schloss Hirschholm richtete Sophia Magdalena ein Fest zu Carolines 17. Geburtstag aus.
Dann wieder besichtigte sie im Hafen von Kopenhagen die mit Tee und Porzellan beladenen Schiffe aus China und Bengalen und setzte ihre Besuche in Schlössern und Gärten der Umgebung fort. An einem Tag unternahm sie in einer Schaluppe mit sechs Ruderern auf einem nahe gelegenen See eine Bootsfahrt, »um sich nach verrichteten anderwärtigen Geschäften mit Fischen, zur Zeitverkürzung und Erfrischung, zu vergnügen«.
Andreas von Bernstorff, der die drei Königinnen auf Hirschholm besuchte, schrieb seinem Onkel nach Holstein begeistert von dem aus-

gesprochenen Konversationstalent Carolines, die nach den Berechnungen des Leibarztes Berger in der 14. Schwangerschaftswoche war. Sie sei besonders guter Laune.
Vielleicht hing ihre gute Stimmung ja auch mit den Briefen Christians zusammen und sie hatte Hoffnung, dass sich jetzt alles noch zum Guten wenden würde. Reverdil bemerkte schon vor der Holsteinreise, dass diese »arme Prinzessin offenbar aus dem allen werdenden Müttern innewohnenden Instinkt neues Gefallen an dem Vaters ihres ungeborenen Kindes gewonnen hatte«. Aus diesem Mitleid heraus hatte er ja die Briefe verfasst. Caroline fuhr ihrem Mann bei seiner Rückkehr bis nach Roskilde, der Bischofs- und ehemaligen Residenzstadt, freudig entgegen. Sie wollte ihrem »theuresten Gemahl und sich selbst das Vergnügen machen«.
Die Bevölkerung jubelte ihrem König zu, vergessen waren seine Eskapaden. Der Plan der Minister war aufgegangen. Zur Begrüßung wurde auch ein vom Dichter Breding extra für diesen Tag geschriebenes Singgedicht aufgeführt. Im Schlusschor heißt es:

»Fallt, Dänen! Vor dem Altare nieder!
Bringt Opfer! Singt dem Ew´gen Lieder!
O, fleht für Mathilden und Christian!
Der Himmel giebt uns den Monarchen von neuen,
Das Wohlseyn des Vaters muss alles erfreuen.
Wer führte den König? Der Herr hat´s gethan.
Ihr Bürger, posaunet! Rührt Paucken, und lacht,
Und feyret den Tag, der euch Freude gebracht!
Fallt, Dänen! Vor dem Altare nieder!
Bringt Opfer! Singt dem Ew´gen Lieder!
O, fleht für Mathilden und Christian!«

Der Aufruf, für das königliche Paar zu »flehen«, war durchaus angebracht, denn wie Reverdil, der fast zwei Monate lang eng mit Christian zusammen gewesen war und das Zusammentreffen ebenfalls beobachtet hatte, treffend bemerkte, begrüßte Christian seine Frau zwar mit dem größten Bemühen, zu dem er fähig war. Aber nur jemand, der den wahren Stand der Dinge nicht kannte, konnte glauben, dass er Caroline jetzt wieder den ihr angemessenen Platz zugestehen würde, als sie zu ihm in die Kutsche stieg.

Kaum zurück nahm Christian auch seine nächtlichen Touren durch Kopenhagen wieder auf. »Der König ging bald in Ausschweifungen unter«, beschrieb Carl von Hessen das Verhalten seines Schwagers. Für Caroline besonders verletzend war, dass er immer häufiger mit einer ehemaligen Prostituierten, der »berüchtigsten Person von Kopenhagen«, zusammen gesehen wurde. Anna Cathrine Benthagen, 22 Jahre alt, uneheliche Tochter des Prinzen Georg von Braunschweig-Bevern, war bei ihrer Mutter, die Stiefeletten für das Militär herstellte, aufgewachsen. Sie trug diese Schuhe zu den Soldaten und war darum allgemein als »Stiefeletten-Cathrine« bekannt. Sie selber zog den Namen »Mylady« vor.

Der König zog mit ihr nachts durch die Straßen, »zerbrach die Laternen und Fensterscheiben, kurz, führte ein entsetzliches Leben«. Er brachte sie zur Empörung nicht nur Carolines an den Hof und tanzte mit ihr ganz offen auf Bällen. Als Graf Holck ihr im Auftrag des Königs sogar eine eigene Loge im hofeigenen Theater auf Schloss Christiansborg direkt gegenüber der Königin besorgte, stellte Reverdil den Grafen ziemlich heftig zur Rede, wie ungeheuerlich so ein Verhalten gegenüber der Königin sei. Auch Christian gegenüber hatte er seine Abneigung gegen Mylady deutlich gemacht. Im November 1767 bekam er den Befehl, Dänemark unverzüglich zu verlassen. Obwohl Christian den Befehl unterschrieben hatte, wäre er wohl nie auf die Idee gekommen, den einzigen Mann, zu dem er wirklich Vertrauen hatte, zu entlassen. Der Fall Reverdil ist nur ein typisches Beispiel dafür, wie die Mächtigen am Hofe mit Menschen umgingen, die Einfluss auf den König hatten. Außerdem hatte Reverdil bei seiner Suche nach einer Beschäftigung für den König auf der Holsteinreise ein sensibles Thema angeschnitten, das ihm schon lange am Herzen lag: die Bauernbefreiung.

Im Oktober hatte Christian eine Kommission einberufen lassen, die sich mit entsprechenden Gesetzesänderungen beschäftigen sollte. Das hatte die adligen Großgrundbesitzer aufgeschreckt. Es wurde außerdem behauptet, Reverdil würde die Religiosität des Königs durch Bemerkungen gegen die Kirche zerstören. Dies empörte alle drei Königinnen, auch Caroline, für die, wie Reverdil süffisant bemerkt, so etwas zu diesem Zeitpunkt noch ein Verbrechen war.

Christian selber überzeugte man, indem man ihm mitteilte, Reverdil hielte sich für den besseren Schauspieler. Und das war für Christian, der sich selber für einen begnadeten Schauspieler hielt, unverzeihlich.

Caroline verlor mit Reverdil einen ihrer wichtigsten Fürsprecher bei Hofe, denn von seinem alten Erzieher hatte sich Christian noch leiten lassen. Am 13. Oktober verließ auch Christians Schwager Carl von Hessen mit seiner Frau nach Intrigen Kopenhagen. Auch er hatte zu denen gehört, die Christian zu mäßigen suchten und an die Caroline sich oft zwecks Fürsprache um Hilfe gewandt hatte.

Die schlimmste Nachricht für sie aber kam aus Paris: Edward, der Bruder, der ihr am nächsten gestanden hatte, war auf dem Weg zu ihr in Monaco an einem Fieber gestorben. Er hatte ihr vor der Hochzeit versprochen, sie innerhalb eines Jahres in Kopenhagen zu besuchen, und sie hatte sich gefreut, endlich jemanden aus der Familie wiederzusehen. Vielleicht hatte sie gehofft, dass er Georg III. zum Eingreifen bewegen könnte, wenn er vor Ort sehen würde, wie man sie behandelte. Hoffnung, Trost, Wiedersehensfreude. Am Ende kam nur ein Brief mit der Todesnachricht.

Auch Georg schrieb ihr und wies den englischen Botschafter Gunning an, ihr die Nachricht behutsam zu überbringen. Andreas von Bernstorff schrieb am 13. Oktober, die Königin habe die Nachricht sehr liebevoll als Schwester und sehr vernünftig als Frau aufgenommen. Was auch immer er damit sagen wollte, es zeigt eigentlich nur, dass Caroline lernte, ihre Gefühle nach außen unter Kontrolle zu halten, eine Maske aufzusetzen, unter der sie verbergen konnte, was sie wirklich fühlte.

17 Jahre alt, abgesehen von Frau von Plessen, ohne Unterstützung

am Hofe, mit einem Mann verheiratet, der sich und sie zum Gespött der ganzen Stadt machte. Dazu kam ihre körperliche Unbeweglichkeit. »Die Schwangerschaft der Königin schreitet voran«, berichtete Andreas von Bernstorff Anfang Dezember 1767 und »ihr Umfang ist erstaunlich«. Caroline, schon als 15-Jährige etwas korpulent, nahm während der Schwangerschaft offenbar überdurchschnittlich zu. Und ihr Mann hatte nichts Besseres zu tun als sich mit obszönen Bemerkungen über sie lustig zu machen.

In diesen Wochen und Monaten gab es wohl nur einen Lichtblick, und das war der Garten, den Christian ihr in einem seiner guten Momente im August geschenkt hatte. Frydenlund, heute ein Vogelpark, gehörte mit seinen Früchten und Bäumen zu den schönsten Gärten im ganzen Königreich. Christian hatte ihn als Kronprinz von seinem Vater bekommen, sich aber nie darum gekümmert. Caroline machte daraus jetzt ein kleines Paradies. »Sie mag die Gartenarbeit, die Blumen und die Früchte sehr«, kommentierte Andreas von Bernstorff und bescheinigte ihr große Umsicht bei der Organisation und bei den Ausgaben. Caroline Mathilde legte dort einen Park an und eine Menagerie, so wie ihre Mutter das in Kew gemacht hatte. Und vielleicht fand sie ja wie ihre Mutter Ablenkung und Trost darin.

Geburt des Thronfolgers Frederik

»Der König war so bewegt, wie wir es niemals von ihm geglaubt hätten ... Er hat der Königin Schmuck und Diamanten im Wert von 50.000 écus geschenkt und sie zärtlich liebkost.«
Bei diesem Schmuck handelte es sich um das so genannte Rosenbukett, das er seiner Großmutter abgekauft hatte und das Caroline Mathilde später verkaufte, um die Diamanten für ihren Orden zu finanzieren.

Einige Zeilen weiter heißt es im selben Brief Andreas von Bernstorffs: Die Königin war *»verzweifelt ... Sie hat den Schlag ertragen mit großer Sanftheit ... aber einer so tiefen Betroffenheit, dass es selbst den Unsensibelsten berührt hat, und dieser Schlag, fürchte ich sehr stark, könnte ihrer Gesundheit schaden.«*[11]

Was war geschehen?

Das erste Halbjahr des Jahres 1768 war für Caroline Mathilde eine Berg-und-Tal-Fahrt der Gefühle. Hochschwanger musste sie mit ansehen und anhören, wie Christian VII. sich mit »einer solchen Begierde seinen Vergnügungen« widmete, »dass der gute Geschmack darunter nur leiden kann«. Zusammen mit Mylady, seiner Geliebten, die bevorzugt in Männerkleidung auftrat, dem Grafen Holck, der für die Vergnügungen des Königs zuständig war, und weiteren Kumpanen lieferte er sich nach nächtlichen Sauftouren Schlägereien mit der Polizei und den Bürgern. Häufig entging er nur der Verhaftung, wenn Graf Holck das Inkognito des Königs lüftete.

Reverdil machte vor allem Mylady für diese immer schlimmer werdenden Eskapaden verantwortlich, die sich mit des Königs Hilfe auch an unliebsamen Konkurrentinnen rächte, indem sie deren

Häuser plündern und die Bewohnerinnen auf die Straße setzen ließ. Sie habe Christian »berauscht«. Reverdil, der die Ereignisse von seinem Exil aus besorgt beobachtete, war durch seine Informanten gut unterrichtet und er kannte den König sicherlich am besten. Er stellte richtig fest, dass sich seit seinem Fortgang das Verhalten des Königs verschlimmert hatte. Entweder sei er verrückt oder bösartig geworden. Seine Schlussfolgerung: Der König leide an einer »Störung im Gehirn«, sodass er seine Handlungen überhaupt nicht mehr unter Kontrolle habe.

Als Mylady den König dann allerdings überredete, sie zur Baronin zu machen und ihr ein Palais zu kaufen, zogen die Minister die Notbremse, zumal die Bevölkerung Kopenhagens immer heftiger gegen das unmögliche Benehmen ihres Königs protestierte.

Am 6. Januar 1768 wurde sie aus dem Land gewiesen und kam vorläufig in ein Arbeitshaus in Hamburg. Die Angst Christians vor einem Volksaufstand hatte ihn schließlich dazu gebracht, den entsprechenden Befehl zu unterzeichnen.

Das geschah noch rechtzeitig vor der Geburt seines Sohnes am 28. Januar, den Caroline Mathilde um 22:30 Uhr im Schloss Christiansborg zur Welt brachte. Mutter und Kind wohlauf und: »Gott hat unsere sehnlichsten Wünsche und die des ganzen Volkes erfüllt«, jubelte Andreas von Bernstorff. Mit der Geburt eines Thronfolgers war das Hauptziel dieser Ehe erreicht und alle atmeten erleichtert auf. Selbst der König war so beglückt, dass er, wie oben beschrieben, seine Frau reich beschenkte.

Da der Kronprinz sehr schwach war, wurde die Taufe bereits zwei Tage später in Carolines Schlafgemach abgehalten. Taufpatin war die Königinwitwe Juliane Marie. Es war schon eine sehr undankbare Aufgabe, die sie auf Wunsch des Königs übernehmen musste.

Denn mit der Geburt des Kronprinzen Frederik wurde ihre große Hoffnung, dass ihr eigener Sohn einmal König werden würde, begraben. Vorläufig jedenfalls. Denn eine Frau, von der die Zeitgenossen sagten, dass sie schon als Kind am väterlichen Hof in Wolfenbüttel im Spinnen von Intrigen sehr erfolgreich war, gab so leicht nicht auf.

Als seine Taufpatin und als zumindest nach außen hin strenggläubige Frau würde sie dem Kronprinzen nichts antun wollen. Aber es bestand ja Hoffnung, da Frederik in den ersten Jahren ein sehr schwächliches, häufig krankes Kind war.
Glückwünsche von den Fürstenhäusern in ganz Europa, Beförderungen, Ordensverleihungen, Empfänge, Konzerte, Gala-Tafeln, Lobreden und -gedichte: Ein ganzes Volke feierte das Königspaar und seinen neugeborenen Sohn.
Auch Georg III. gratulierte seiner Schwester in einem Brief. Sie hatte trotz aller Anfangsschwierigkeiten die in sie gesetzten Erwartungen erfüllt.
Und Caroline selbst? Glücklich über die Geburt ihres Sohnes, besorgt wegen seiner schwachen Gesundheit, aber vor allem deprimiert und traurig. Charitas Emilie von Bernstorff, die eigentlich ihren Mann, den Minister Bernstorff, auf einer Mission ins Ausland begleiten sollte, verschob ihre Reise, um der Königin in ihrer Traurigkeit beizustehen. Erst am 13. März erschien Caroline Mathilde das erste Mal wieder in der Öffentlichkeit, als sie zur Kirche ging.
Sie hatte sich zurückgezogen, verließ kaum ihr Zimmer.
Der dänische Botschafter in London, Diede, schrieb an den dänischen Außenminister im März, dass Georg III. »höchst beunruhigt« sei und ihn bestellt habe um nachzufragen, was eigentlich los sei, denn seine Schwester habe nur Andeutungen über den Grund ihrer Traurigkeit gemacht. Diede geriet in argen Erklärungsnotstand, weil Georg III. keine Ruhe gab.
Caroline Mathilde war erneut Opfer von Hofintrigen geworden. Und diesmal hatte man ihre einzige Vertraute vom Hof verwiesen. Die zu Beginn des Kapitels erwähnte Verzweiflung, der »Schlag«, der sie getroffen hatte, war die Entlassung Frau von Plessens, die nicht nur nach Auffassung Andreas von Bernstorffs »die fähigste [Person] war, den Hof zu verwalten«, sondern darüber hinaus als Freundin der Königin galt.
Bei der Entlassung spielten verschiedene Gründe eine Rolle. Frau von Plessen galt als Vertreterin der französischen Fraktion am Hofe,

und dass die Zusammenkünfte in ihren Zimmern nicht dem gesellschaftlichen Klatsch galten, war auch allgemein bekannt.
In Dänemark, das zu der Zeit ständig in die Interessenkonflikte vor allem der Franzosen und Russen einbezogen wurde, hatte die russische Seite die Nase vorn. In den Augen vieler war Frau von Plessen zu mächtig geworden.
Der Kammerherr von Saldern bezeichnete sie als den linken Arm der Königin, den man beizeiten abtrennen müsste. Denn es war anzunehmen, dass Caroline als Mutter des Kronprinzen einen größeren Einfluss auf den König gewinnen würde. Und damit hatte die Oberhofmeisterin über die Königin die einmalige Chance, den König im Sinne der französischen Politik zu beeinflussen.
Als Frau von Plessen dann die Unvorsichtigkeit beging, die dänische Politik als russenabhängig zu kritisieren und den russischen Gesandten Filosofov direkt anzugreifen, beschloss man sie vom Hofe zu entfernen.
Christian, der sich nach der Taufe seines Sohnes zusammen mit seinem Favoriten von Saldern auf Schloss Frederiksborg zurückzog, wurde von diesem überredet, Frau von Plessen zu entlassen. Über die Bereitschaft des Königs gibt es unterschiedliche Aussagen. Er wusste mit Sicherheit, wie eng die Beziehung seiner Frau zu ihrer Oberhofmeisterin war. Auf der anderen Seite hatte er genau darunter schon öfter zu leiden gehabt. Er betrachtete sie als persönliche Feindin. Außerdem ist es zweifelhaft, ob er bei seinem Krankheitszustand überhaupt noch in der Lage war, sich Gedanken über die Gefühle eines anderen Menschen zu machen.
Caroline verlor so innerhalb eines halben Jahres mit Reverdil, Carl von Hessen und Frau von Plessen die drei Menschen, denen sie am Hof vertrauen konnte, ohne irgendwelche Intrigen befürchten zu müssen.
Die Nachfolgerin als Oberhofmeisterin war ausgerechnet Frau von der Lühe, die Schwester des von Caroline gehassten Grafen von Holck, nach Wraxall »eine ehrliche, weiche Frau, die aber keine Autorität und keinen Einfluss« habe. Der Vorteil für Carolines Fein-

de lag aber auf der Hand. Ihr Bruder würde von jetzt an bestens über alle Vorfälle in den Zimmern der Königin unterrichtet sein und konnte dieses Wissen in seinem Interesse dem König gegenüber verwenden.

Alle Versuche Carolines, Frau von Plessen zurückzuholen, scheiterten. Christian selbst war dazu wohl bereit, wie Minister Bernstorff in einem Brief an seinen Neffen bestätigte, nachdem auch Carolines Mutter sich während seines Englandaufenthaltes dafür eingesetzt hatte. Aber sie hätte ihren alten Posten nicht wiederbekommen, die politischen Widerstände am dänischen Hofe waren zu groß und Christian ließ sich sehr leicht von seinen Vorsätzen wieder abbringen.

In einem sind sich die Zeitgenossen aber einig. Caroline Mathildes Schicksal wäre ganz anders verlaufen, wenn Frau von Plessen ihren Posten behalten hätte. Und dann brach Christian auch noch zu einer Reise auf, bei der sie ihn liebend gerne begleitet hätte.

»Die Königin war am Fenster und zerfloss in Tränen. Das war rührend, und alle, die es sahen, waren zutiefst bewegt.« Ähnlich wie Andreas von Bernstorff empfand auch der Korrespondent des »Altonaer Mercurius« den Abschied der Königin von ihrem Mann am 6. Mai 1768 als »ungemein rührend«.

Nach dem Verhalten Christians VII. während der vorangegangenen Monate stellt sich allerdings die Frage, warum Caroline Mathilde in Tränen ausbrach, als ihr Mann zu seiner Reise aufbrach, die acht Monate dauern sollte. Vermutlich nicht so sehr, weil sie traurig war über die Trennung, sondern wohl eher, weil das Ziel der Reise unter anderem England sein würde und sie wieder nicht mitfahren durfte. Diesmal unter dem Vorwand, der Kronprinz sei noch zu klein und sehr schwächlich und brauche seine Mutter.

Zweieinhalb Jahre hatte sie nun in der Fremde am dänischen Hof gelebt, ohne, außer Briefen, Kontakt zu ihrer Familie zu haben. Ihr Bruder Edward war auf dem Weg zu ihr gestorben, ein anderer Besuch war in nächster Zeit nicht angedacht, tatsächlich kam erst im Sommer 1769 ihr Bruder William nach Kopenhagen.

Sie blieb also wieder einmal zurück und verbrachte die nächsten Monate in »friedlicher Langeweile«, in »inniger Gemeinschaft« mit den beiden anderen Königinnen Juliane Marie und Sophie Magdalena. Jede der drei Königinnen zog sich für die Sommermonate auf eines der zahlreichen Lustschlösser zurück, Caroline Mathilde mit ihrem Sohn auf Schloss Frederiksborg. Dreimal in der Woche trafen sie sich um gemeinsam zu speisen, die Oper zu besuchen oder Pharo zu spielen, eines der beliebtesten Kartenspiele der damaligen Zeit. So sehr innig war das Verhältnis zwischen ihnen aber wohl nicht, vielleicht trieb sie ja eher die Langeweile zusammen. Es wird von Eifersüchteleien berichtet, weil Caroline Mathilde angeblich Juliane Marie vorziehen würde. Sophie Magdalena stellte fest, dass Caroline Mathilde sich total geändert habe, seitdem Frau von Plessen nicht mehr da war. Sie sei höflicher, aber auch sehr empfindlich geworden. Im Juli wurde Carolines 18. Geburtstag mit »anständiger Pracht« gefeiert. Juliane Marie gab ein feierliches Mittagessen zu ihren Ehren, Caroline Mathilde revanchierte sich, indem sie im September den Geburtstag Juliane Maries auf Schloss Frederiksborg ausrichtete. Ansonsten blieb die friedliche Idylle auf dem Land mit Besuchen der umliegenden Jahrmärkte, Promenaden mit der Kutsche und zu Fuß mit dem Kronprinzen und ähnlichen Vergnügungen erhalten. Während Caroline Mathilde dieses friedliche Leben eher genoss, hätte man es in London lieber gehabt, sie würde sich mehr mit politischen Dingen beschäftigen. Schon im Juni hatte Georg III. sehr irritiert anfragen lassen, warum Caroline Mathilde nicht in der Zeit der Abwesenheit ihres Mannes die Regentschaft übernommen habe. Georg III. und seine Regierung hatten mit der Heirat auch die Erwartung verbunden, in Dänemark würde in Zukunft mehr englischorientierte Politik gemacht. Diese Reise des Königs wäre eine gute Möglichkeit gewesen, über Caroline diesem Ziel näher zu kommen. Andreas von Bernstorff kommentierte diesen englischen Wunsch mit den Worten, dass jemand, der so etwas erwarte, keine Ahnung von den Zuständen in Dänemark hätte und schon gar nicht von denen am Hofe.

Dass sie bis zu diesem Zeitpunkt keinen Einfluss nehmen konnte, hatte verschiedene Gründe. Zum einen war sie tatsächlich durch ihre Erziehung nicht auf das Intrigenspiel am Hofe vorbereitet, andererseits hätte wohl jeder, der an einen fremden Hof kam, eine gewisse Zeit der Orientierung gebraucht, um in dem Wirrwarr der unterschiedlichen Interessen nicht zugrunde zu gehen. Wie hatte ihr Bruder Georg bei ihrer Abreise doch empfohlen: niemandem zu vertrauen und sich aus allem herauszuhalten, bis sie alle Charaktere am Hofe kennen würde. Andernfalls prophezeite er ihr »unabwendbaren Ruin«.

Naivität und Unfähigkeit zur Politik sollte man ihr, wie es zum Beispiel die Autorin Hester Chapman tut, nicht vorhalten, denn sie gehörte mit Sicherheit zu den Frauen, die mehr Zeit mit Lesen zubrachten, als vor allem von männlicher Seite für richtig gehalten wurde.

Sag mir, was du liest, und ich sage dir, wer du bist, könnte man in Abwandlung eines alten Sprichworts formulieren. Und was ihre Lektüre anbetrifft, so gehörte Caroline mit Sicherheit zu den belesensten Prinzessinnen ihrer Zeit. In ihrem Nachlass fanden sich insgesamt 273 Bücher, die sich nicht nur mit den Dingen beschäftigten, die für eine Frau des 18. Jahrhunderts als wohl angemessen galten. Die meisten der Bücher sind in Englisch geschrieben, viele in Deutsch, manche in Französisch, einige in Latein. Es handelt sich um religiöse Bücher, wie Bibeln, Texterklärungen, Erbauungsbücher, aber meist um weltliche. Dichtungen, Romane, philosophische und historische Schriften, Lebensbeschreibungen, Atlanten und volkskundliche Bücher. Unter anderem Werke von Homer, Shakespeare, Swift, Klopstock, Fontaine, natürlich Gellerts sämtliche Schriften neben Voltaire, Rousseau und Montesquieu.

Und dass sie sehr lernfähig war, was das Spinnen von Intrigen anbetraf, zeigt ihr Verhalten gegenüber dem englischen Gesandten Gunning. Es war am Hofe allgemein bekannt, dass Caroline durch ihre Briefe an Georg III. für seine Ablösung gesorgt hatte, weil sie mit ihm nicht mehr einverstanden war.

Kronprinz Frederik

Außerdem hat sie sehr wohl versucht, Christian im Sinne der englischen Politik zu beeinflussen, was durch verschiedene Briefe aus der Zeit belegt wird. Auch spätere Briefe aus ihrem Celler Exil sind Zeugnis dafür, dass sie die politischen Strukturen der Zeit durchschaute, sich ihre eigene Meinung gebildet hatte und mit ihrem Bruder und ihre Schwester Augusta darüber konferieren konnte.

Es ist aber wohl zu viel verlangt, wenn man von ihr erwartete, dass sie in diesen ersten Jahren aktiv in die Regierung eingriff, wenn die dänischen Könige, offiziell absolute Herrscher in ihrem Reich, das selber seit Jahrzehnten nicht schafften, sondern zu machtlosen Figuren degradiert waren, die gerade mal die ihnen vorgelegten Gesetze, Briefe und Ähnliches unterschreiben durften, während die eigentliche Macht bei den Ministern des Staatsrates lag.

Im Oktober auf dem Geburtstagsball für die Prinzessin Charlotte Amalie, der Tochter Friedrichs IV., stellte Andreas von Bernstorff fest, dass die Königin »hübscher« sei »als jemals und sicher hübscher und gesprächiger als im ganzen letzten Winter«.

Unterdessen vergnügte sich Christian in England und Frankreich. »Ist er verrückt oder nur krank?«, hatte sich in den Monaten vorher wohl nicht nur Reverdil gefragt. Er war unberechenbar geworden, sowohl in seinen »Scherzen« als auch in seinen Wutausbrüchen. Dann wieder saß er stundenlang teilnahmslos da und starrte vor sich hin. Reverdil bedauerte, dass alles, womit er bislang das Verhalten Christians positiv beeinflussen konnte, zum Beispiel der Wunsch, geliebt zu werden und Ruhm zu erlangen, schon kurz vor seinem Weggang nicht mehr so richtig funktioniert hatte.

Christian driftete zunehmend in dunkle, angsterregende Fantasien ab. Er prügelte sich täglich mit seinen Pagen und dem Grafen Holck, spielte mit ihnen Hinrichtungen nach. Er fand es spannend, bei Folterungen zuzuschauen und zu sehen, wie lange ein Verurteilter Schmerzen aushalten konnte. Danach hatte er immer wieder Albträume. Daher auch sein Wunsch, die Reise inkognito anzutreten, weil er darin eine Chance sah, seinen »schwarzen Fantasien, die ihn verfolgten«, zu entkommen.

Die Bevölkerung in England und Frankreich jubelte ihm zu. Christian war hübsch anzusehen und verteilte großzügig Goldstücke unter die Bevölkerung. Allein 1000 Guineen bekamen die englischen Bediensteten seiner Londoner Unterkunft. Es hätte ihn sicher sehr verwundert und wohl auch nur wenig interessiert, wenn man ihm erzählt hätte, dass man, um diese Reise zu finanzieren, die Steuern für

das dänische Volk würde erhöhen müssen, wobei er sich da nicht von den übrigen absolutistischen Königen Europas unterschied.
Er besuchte die Universität in Cambridge und bekam dort und in Oxford die Ehrendoktorwürde verliehen, besuchte Fabriken in Manchester und Leeds, die Kathedrale in York. Zu seinen Ehren gab es Maskenbälle und er gab selber welche. Auch Gespräche mit Georg III. und Carolines Mutter gehörten zu seinem Programm. Im Gegensatz zur Öffentlichkeit schätzte Carolines Familie ihn überhaupt nicht. Ebenso wie andere Engländer, die ihn näher kennen lernten. Der Schriftsteller Horace Walpole bemerkte sarkastisch, dass Christian nichts gesagt hätte, was irgendwie erwähnenswert wäre. Er bezeichnete ihn als König in einer Puppenshow und als geistlosen Knaben. Viele Engländer nahmen es ihm übel, dass er im Theater bei Vanbrughs »Streitsüchtiger Frau« immer an den Stellen klatschte, wo ein Satz gegen die Institution der Ehe fiel, was Walpole als außerordentlich provokativ empfand, gerade weil Christian doch mit einer englischen Prinzessin verheiratet war.
Auch in London zog Christian nachts mit Graf Holck verkleidet durch die Hafenviertel. In Paris ein ähnliches Bild. Einerseits Treffen mit den berühmtesten Philosophen der Zeit: d´Alembert, Diderot, Helvétius, andererseits Berichte von zertrümmerten Möbeln und vergessenen Reden. Einerseits Lobeshymnen im Stile von: »Wir beten dich an, Christian«, und dann wieder hinter vorgehaltener Hand besorgte Fragen über den Gesundheitszustand des dänischen Königs.
Sehr treffend schilderte Minister Bernstorff das Verhalten des Königs: »Der König findet an nichts Gefallen, nichts berührt ihn, nichts erschüttert ihn. Die schönsten Vorführungen des Universums machen überhaupt keinen Eindruck auf ihn. Dieser Zustand der innerlichen Schlaffheit betrübt mich ungeheuer.«
Am Ende der Reise, von der man so viel erhofft hatte, wirkte Christian durch die permanente Folge von Festivitäten nur noch abgestumpft. Offiziell wurde gejubelt. In einem Gedicht zum Jahresanfang 1769 heißt es im »Altonaer Mercurius«:

»Die Vorsehung bringt Dänemark den besten König wieder
Den halb Europa lieb gewann.
Hier stimmt sein Herz den Kern der Lieder
Ein stilles Danklied an.«

Unter dem Jubel des Volkes zog Christian am 14. Januar in Kopenhagen ein, begleitet von Caroline Mathilde, die ihn zumindest laut Zeitung mit dem »sehnlichsten Verlangen« erwartet und in Roskilde mit der »größten Zärtlichkeit« empfangen hatte.
Was sie wirklich empfunden hat, werden wir wohl nie wissen. Sicher ist aber, dass sie über sein Treiben in den Hafenvierteln und sein Turteln mit den feinen Damen der Gesellschaft bestens informiert war. Dafür hatte schon Juliane Marie gesorgt, die kein Interesse daran hatte, dass sich das Königspaar in irgendeiner Form wieder näher kam und womöglich ein weiteres Kind zeugte, das dann etwas kräftiger als der jetzige Thronfolger wäre.
Vielleicht hat sich Caroline Mathilde ja mit ihrem Lieblingsautor Gellert getröstet, dessen Rezept für eine glückliche Ehe zeigte, dass es noch mehr Menschen mit ähnlichen Problemen gab: Gellert beschreibt ein glückliches Paar, das »bey gleicher Lieb und gleicher Treue, in kluger Ehe glücklich war«. Sie waren immer einer Meinung, sie stritten nicht, keiner herrschte über den anderen.

»Der letzte Tag in ihrem Bunde,
Der letzte Kuss von ihrem Munde
Nahm, wie der erste, sie noch ein.
Sie starben. Wann? — Wie kannst du fragen?
Acht Tage nach den Hochzeitstagen;
Sonst würden dieß nur Fabeln seyn.«

Johann Friedrich Struensee: der Leibarzt des Königs

»Alle Vernunft der Männer ist nicht so viel wert wie ein Gefühl der Frauen«, meinte schon Voltaire. Anders ausgedrückt ist Liebe – ähnlich dem Curry – ein individuelles Gemisch, dessen Zutaten bei jedem variieren und das darum auch in der Wirkung unterschiedlich intensiv ist.

Caroline Mathilde war in erster Linie auf der Suche nach einem Menschen, dem sie sich anvertrauen konnte. Sie suchte Nähe in einer Umgebung, die in formalen Handlungen erstarrt war und in der ein falsches Wort Misstrauen, Hass und weitere Isolation bedeuten würde.

Der Mann, dem sie dieses Vertrauen schenkte, Johann Friedrich Struensee, suchte in erster Linie nach einer Möglichkeit, seine aufklärerischen Ideen, die er schon als Arzt und Publizist in Altona mit nur mäßigem Erfolg durchzusetzen versucht hatte, am dänischen Hof Realität werden zu lassen.

Sie war 17 und zum ersten Mal richtig verliebt, er war 32 und galt als Frauenheld. Ob und wie sehr er sie wirklich liebte, das kann wohl nur er selber beantworten, denn darüber gibt es keine Belege. Im Frühsommer 1769 begann zwischen den beiden jedenfalls eine Geschichte, die seit über 200 Jahren Historikern, aber vor allem Schriftstellern, einen unerschöpflichen Stoff gegeben hat. Viele rührselige Dramen, Filme, Romane mit Titeln wie »The Queen of Tears« oder »Die unglückliche Königin« verarbeiteten die Liebesgeschichte mehr oder weniger authentisch, aber immer sehr tränenreich.

Mal war Caroline Mathilde das unschuldige Opfer eines Wüstlings, dann wieder nur eine platonisch Liebende. Es ist nicht ganz einfach, aus der Fülle an Literatur herauszuschälen, wie es wirklich war, zumal es keine Briefe oder andere persönliche Beweise mehr gibt, vielleicht auch nie gegeben hat, da alles im Geheimen stattfinden musste. So ist man auf Zeitzeugen angewiesen, die aber sorgfältig daraufhin geprüft werden müssen, inwieweit ihre Darstellung durch persönliche Zu- bzw. Abneigung verfärbt ist.

Struensee zum Beispiel war von vornherein bei den meisten Höflingen und auch bei Politikern wie dem Minister Bernstorff nicht sonderlich beliebt. Niemand war das, der Einfluss auf den König besaß, und den hatte Struensee in erstaunlich kurzer Zeit auf der Reise nach England und Frankreich, die er als Reisearzt Christians mitgemacht hatte, gewonnen.

Geboren wurde Johann Friedrich Struensee am 5. August 1737 in Halle und wuchs auf in der Polarität zwischen Aufklärung und Pietismus.

Sein Vater, der pietistische Pastor Adam Struensee, erzog seine Kinder sehr streng, vor allem, was die religiöse Ausrichtung anbetraf: »Dass Jesus uns alles Unschädliche erlaube, dass die Moral des Christentums uns keine unschuldige Freude verbiete, das ward mir nicht gesagt. Alles ohne Unterschied, wozu ich Lust hatte, ward mir zur Sünde gemacht. Manschetten tragen, Puder in die Haare werfen, das ward mit solcher Ernsthaftigkeit für gottlos erklärt als offenbare sündliche Ausschweifungen«, erklärte Struensee Jahre später im Gefängnis dem Prediger Münter.

In der pietistischen Schule, die er besuchte, wurde auf Sittsamkeit, Fleiß und Pflichttreue Wert gelegt. Das Spielen war verboten wegen des »ewigen Seelenschadens«, den es hervorrufen konnte. Jede weltliche Lust, vor allem Tanz und Theater wurde verteufelt, so wie es angeblich in der Bibel geschrieben stand.

Struensee hatte schon als Jugendlicher seine Zweifel. An die Stelle des »erst glauben, dann denken«, so wie es die Pietisten forderten, setzte er im Sinne der Aufklärer ein »erst denken und dann das glauben, was bewiesen ist« oder gar nicht glauben. Offenbarung oder Vernunft. Er entschied sich für die Vernunft und kehrte jeder Art von religiöser Betätigung den Rücken.

Nach dem Medizinstudium in Halle wurde er 1758 Physikus in Altona und Pinneberg. Gleichzeitig wurde er »Armenarzt« von Altona. Als Mitarbeiter einer Zeitschrift veröffentlichte er Artikel u. a. über den Aberglauben, Geburtshilfe, eine sachgerechte Krankenpflege, Pockenschutzimpfungen, die damals noch etwas sehr Neues waren. Viele seiner späteren Reformen wurden bereits in dieser Zeit von ihm theoretisch vorbereitet. Probleme mit der dänischen Regierung in Gestalt des Ministers Bernstorff bekam er wegen eines satirischen Aufsatzes. Die Zeitschrift, die er mit seinem Freund Panning herausgab, wurde verboten. Diese bittere Erfahrung führte Jahre später zur Aufhebung der Pressezensur in Dänemark, eine einmalige Tat für das Europa der damaligen Zeit, die von Voltaire überschwänglich gefeiert wurde.

Aus dieser Altonaer Zeit blieben Struensee drei Dinge: die Bekanntschaft mit den Grafen Holck, Rantzau und Brandt, denen er seine Anstellung als Reisearzt Christians VII. und später seine weitere Beschäftigung als Leibarzt in Kopenhagen verdankte, Ideen und Reformpläne, die er unbedingt verwirklichen wollte, und die Abneigung des Ministers Bernstorff.

Wenn es nach diesem damals mächtigsten Mann im dänischen Staate gegangen wäre, hätte Struensee seinen Posten als Reisearzt Anfang Mai 1768 nicht bekommen. Bereits am 4. August schrieb er an seinen Neffen aus Brüssel und am 22. August 1768 aus London, dass Struensee ein Mann ohne System und richtige Grundsätze sei, wenn auch nicht bösartig. Seine Reden seien sehr frei und außerdem sei er nur ein sehr mittelmäßiger Arzt.

In den Briefen, die von den Mitreisenden aus London, Paris und anderen Städten nach Kopenhagen zwischen Mai 1768 und Januar 1769 geschickt wurden, tauchte der Name Struensee zunehmend häufiger auf.

Für Caroline Mathilde, die ziemlich gut über alles informiert war, was auf dieser Reise passierte, war der Arzt zunächst nur ein weiterer Höfling, der versuchte, Einfluss auf Christian VII. zu nehmen und ihn womöglich in seinen abnormen Vergnügungen zu bestärken. Die Informationen, die nach Kopenhagen drangen, besagten vor allem, dass Struensees Einfluss auf den König beständig zunahm und dementsprechend der des Grafen Holck abnahm. Von Bernstorff schrieb sogar, dass Graf Holck bereits bereute Struensee mitgenommen zu haben.

Was Caroline Mathilde nicht wissen konnte, war, dass Struensee ganz in ihrem Sinne arbeitete und versuchte, die »sehr weit getriebene Herrschaft des Grafen über den Willen des Königes zu schwächen, indem ich Se. Majestät aufmunterte, selbst aufmerksam zu seyn, nachzudenken und zu überlegen, was zu Dero Besten dienete ...«, so schrieb er später in seiner Verteidigungsschrift.

Ähnlich wie Reverdil versuchte Struensee das Interesse Christians an Staatsdingen zu wecken. Er organisierte Besichtigungen in den Baumwollfabriken und Slums bei Manchester, in der Irrenanstalt Bedlam in London und Ähnliches mehr, eine Art Beschäftigungstherapie, die er bereits in Altona bei gemütskranken Patienten erfolgreich eingesetzt hatte.

So gewann er sehr schnell das Vertrauen des Königs, unter anderem auch durch intensive Gespräche über Voltaire und die französischen Aufklärer, deren Ideen beide sehr schätzten. Christian fühlte sich vermutlich an seinen alten Erzieher erinnert, den einzigen Menschen, der für seine dunklen Albträume Verständnis hatte und der versucht hatte ihm zu helfen. So wie jetzt sein neuer Arzt.

Caroline Mathilde wäre zufrieden gewesen, wenn sie gewusst hätte, dass das einzige Ziel, das Struensee zu der Zeit hatte, war, »Se. Majestät von gewissen schmerzhaften schädlichen, und unnützen Versuchen auf Desselben Körper« abzuhalten und ihm die Folgen klar zu machen, die aus »dem frühzeitigen, übertriebenen, und unregelmäßigen Genuss gewisser sinnlichen Vergnügungen entstehen«. Mit anderen Worten: Er versuchte die sich schon damals zeigende »sexualpathologische Abartigkeit« Christians VII. durch Ablenkungen

Johann Friedrich Struensee

anderer Art in den Griff zu bekommen oder zumindest einzudämmen.

Das aber wusste Caroline Mathilde zu diesem Zeitpunkt nicht und so weigerte sie sich standhaft ihn zu sehen, als er im Mai 1769 in Kopenhagen seinen Einzug hielt:

»Ein junger Mann, blond, vollkommen schön gewachsen, von regelmäßiger Gesichtsbildung, von liebenswürdig gefälliger Gestalt, angenehmem Lächeln, von angenehmen und freien Manieren, feinem benehmen in der Gesellschaft«, beschrieb ihn der Augenzeuge Falkenskjöld. »Ein sehr schöner Mann, bekannt für seinen Erfolg bei den Frauen«, ergänzte Reverdil.

Ein Frauenheld also, nicht eben eine Empfehlung in den Augen Caroline Mathildes. Struensee in seinem Bestreben, den König von nächtlichen Abenteuern in den Bordellen Kopenhagens fern zu halten, und feststellend, dass die Beziehung zwischen dem Königspaar sehr schlecht war, verfiel dann auch noch auf die merkwürdige Idee, Christian mit der Frau von Gabel eine Geliebte zu verschaffen, so dass die sexuellen Ausschweifungen des Königs kontrollierbar blieben.

Es kam nicht zur praktischen Umsetzung dieser Idee, weil Frau von Gabel plötzlich verstarb. Da am Hofe kaum etwas geheim blieb, wusste Caroline Mathilde natürlich von Struensees Plan und auch, dass die Dame eigentlich als Struensees Geliebte galt, und so hatte sie verständlicherweise noch weniger Interesse, ihn kennen zu lernen.

Im Sommer 1769 standen die Aussichten für eine Liebesgeschichte zwischen dem Leibarzt des Königs und der Königin also zunächst einmal denkbar schlecht.

»Wir machen große Vorbereitungen für die Ankunft von Bruder William und erwarten ihn mit Ungeduld«, schrieb Caroline Mathilde am 4. Juni 1769 an ihren Bruder Georg, in einem der ganz wenigen Briefe, die von ihr in den Royal Archives auf Schloss Windsor zu finden sind.

Nachdem vor einem Jahr ihr Bruder Edward auf der Reise zu ihr gestorben war, würde sie nach fast drei Jahren zum ersten Mal jemanden aus ihrer Familie wiedersehen. Am 8. Juli kam William in Kopenhagen an und Minister Bernstorff bemerkte, wie froh die Königin und wie groß die Freundschaft zwischen den Geschwistern sei. Er fürchtete nur jetzt schon für sie den Tag seiner Abreise.

Wenn William, Herzog von Gloucester, im Auftrage der Familie sich ein Bild davon hätte machen wollen, wie schlecht seine Schwester in Kopenhagen behandelt wurde, so kam er zu einem denkbar ungünstigen Zeitpunkt. Das, was er erlebte, machte eher den Eindruck, dass es seine Schwester nicht schlecht getroffen hatte.

Christian war durch seine fortschreitende Krankheit erschöpfter und durch den zunehmenden Einfluss Struensees weniger den Einflüssen des Grafen Holck ausgesetzt. Er war ruhiger geworden und zog kaum noch nachts durch Kopenhagen. Er nahm den Herzog zu Jagdausflügen mit, ließ Bälle und Galadiners ausrichten. William nahm sogar am Vogelschießen teil und wurde Mitglied der Schützengesellschaft.

Außerdem wurde zum ersten Mal der Geburtstag Caroline Mathildes mit den ihr zustehenden Ehren gefeiert, so wie es beim Geburtstag des Königs üblich war. In den beiden anderen Jahren war Christian auf Reisen gewesen und auch diese Feier ging weniger auf den König als vielmehr auf Struensee zurück.

Drei Tage lang wurde diesmal gefeiert. Galaessen, Opernvorführungen, ein Feuerwerk im Garten von Schloss Frederiksborg, ein Maskenball im mit vielen tausend Lampen erleuchteten Garten, der bis 6 Uhr morgens andauerte.

Sogar ein Karussell, eines der beliebtesten Turnierspiele des 18. Jahrhunderts, wurde Caroline zu Ehren auf dem Reitplatz vor dem Schloss Christiansborg organisiert und aufgeführt. Zum Karussell traten meist als Türken und Mohren verkleidete Reitergruppen an, die sich einzeln oder als Quadrillen mit Tonkugeln oder Pfeilen bewarfen und die gegenseitigen Angriffe mit Schilden abwehrten.

Seit Wochen war für dieses Turnier geübt worden. Zwei Quadrillen, bestehend aus jeweils vier Paaren in türkischer Tracht, die eine angeführt vom König in Blau, die andere vom Gouverneur von Ahlefeldt in Grün.

Auch am 24. Juli wurden auf dem Schlosshof Ritterspiele aufgeführt, für die Karten an Zuschauer verteilt worden waren. Die Sieger bekamen goldene, mit Diamanten besetzte Tabletts.

Das Königshaus demonstrierte erfolgreich Macht und Glanz, das Volk jubelte und vergaß für einige Tage, wer die Kosten für diesen Prunk mit neuen Steuern würde bezahlen müssen.

Die Freude Carolines dauerte bis zum 26. Juli, dem Tag, an dem ihr Bruder abreiste und sie wieder einmal alleine zurückblieb. »Die Königin schwamm in Tränen«, schrieb Minister Bernstorff mitleidig.

In den folgenden Wochen stellten Beobachter fest, wie traurig und krank die Königin aussah. Sie habe »Wassersucht«, so wurde vermutet, oder noch schlimmer und in den Quellen niemals direkt mit Namen genannt: Syphilis, angesteckt durch den König.

Georg III. machte sich in England große Sorgen, weil seine kleine Schwester nicht mehr schrieb und seine Briefe unbeantwortet blieben. Durch seinen Botschafter Gunning erfuhr er, dass sie krank war, und schrieb ihr, sie müsse sich schonen und solle auf sich aufpassen. »Habe Nachsicht mit der Angst eines Bruders, der dich zärtlich liebt«, entschuldigte sich Georg für seine Fürsorge und befahl Gunning, ihm regelmäßig Bericht über ihren Gesundheitszustand zu geben.

Selbst Christian zeigte sich ganz ungewohnt besorgt, vielleicht weil er sich schuldig fühlte, und empfahl ihr, sich von seinem Leibarzt untersuchen zu lassen.

Aber das war nun das Letzte, was sie wollte, denn Struensee hatte auch in Kopenhagen seinem Ruf als Frauenheld bereits alle Ehre gemacht; alle ihre Kammerfrauen schwärmten von ihm. Ihrer Kammerfrau von Eyben wurde sogar ein Verhältnis mit ihm nachgesagt, er schenkte ihr Kämme, Puder und Parfum und lieh ihr Bücher. Caroline Mathilde weigerte sich ganz entschieden, ihn zu empfangen, musste aber schließlich dem königlichen Befehl nachgeben.

Struensee, der sich, wie Reverdil anzüglich bemerkt, mit dem menschlichen Herzen und den Frauen noch besser auskannte als mit den Krankheiten, sah ziemlich bald, was ihr wirklich fehlte. Die Diagnose lautete: Kummer, Langeweile und zu vieles Sitzen. Er empfahl als Therapie Reiten, was in Frankreich schon erfolgreich gegen Depressionen und Melancholie eingesetzt wurde, in Dänemark für Frauen aber noch als leicht skandalös galt, vor allem, wenn man wie Caroline dabei Männerkleidung bevorzugte.

Sie nahm also Reitstunden und schon bald galt sie als gute und unermüdliche Reiterin. Das Reiten wirkte sich auch positiv auf ihre Stimmung aus. Beim Reiten entfloh sie der Langeweile und der lästigen Etikette. Sie konnte sich ein wenig frei fühlen.

Eine wenn auch ganz entscheidende Nebenwirkung dieser Therapie war, dass sie ihre Meinung über Struensee änderte. Hier war endlich jemand, der ihr zuhörte, der sie ernst nahm, auch in ihrer Traurigkeit, mit dem sich sehr viel intelligenter plaudern ließ als mit dem Rest ihrer Umgebung.

Es stellt sich die Frage, was Struensee zu diesem Zeitpunkt bezweckte. Handelte er nur als Arzt, dem das Wohl seiner königlichen Patientin am Herzen lag?

Nach Reverdil hatte er von Anbeginn an nur ein Ziel, das er mit allen Mitteln verfolgte: Einfluss auf den König zu bekommen und damit politische Macht. Nun war Reverdil zu diesem Zeitpunkt nicht in Kopenhagen am Hofe und seine Eindrücke waren aus zweiter Hand, wenn auch von Augenzeugen direkt vor Ort.

Eine der wenigen Quellen, in denen Struensee selber zu Wort kommt, sind seine eigenen Ausführungen in der Verteidigungsschrift während seines Prozesses im April 1772. Danach verfolgte er in diesen ersten Monaten nur ein Ziel: die Gesundheit des Königs zu stärken. Und um den König glücklich zu machen, wollte er die schlechte Beziehung zwischen dem Königspaar verbessern. So schreibt er selber in seiner Verteidigungsschrift, dass er der Königin geraten habe, »das Zutrauen des Königs zu erlangen; und dieses könne nur geschehen durch Gefälligkeiten, Nachgeben, Zuvorkommen und Bemühungen, dem Könige ihren Umgang so angenehm wie möglich zu machen«. Entsprechend riet er dem König, dass er seine Frau höflich, aber nicht so »ceremonieus« wie seit der Rückkehr von der Reise behandeln solle, denn das könnte ironisch wirken und dagegen sei die Königin sehr empfindlich.

Aber auch dies Bemühen Struensees wird von Reverdil sehr kritisch hinterfragt. Während alle anderen Favoriten ihren Einfluss auf den König dadurch zu verstärken suchten, indem sie die Königin beim König schlecht machten und damit scheiterten, verfolgte Struensee erfolgreich eine andere Taktik: Ein glückliches Königspaar konnte seinen Zielen nur nützlich sein.

Wie auch immer. Fakt ist jedenfalls, dass die Besuche Struensees bei der Königin immer häufiger und länger wurden. Der König sah dies mit Vergnügen, ja er förderte es sogar, indem er Struensee zu jeder Stunde mit allen möglichen Botschaften zu ihr schickte. Als Vorleser des Königs und seit Mai als Etatsrat hoffähig geworden, nahm er auch an allen Festivitäten bei Hofe teil.

Intensive Gespräche, gemeinsames Ausreiten, Tanzen auf Bällen, die Vertraulichkeiten zwischen der Königin und ihrem Leibarzt nahmen zu, bis dann auf einem Maskenball im Winter 1769 ein gewisses »canapé« in der Garderobe der Königin, in der beide für längere Zeit verschwanden, für ersten explosiven Gesprächsstoff sorgte. Sechs Wochen, nach anderen Versionen einige Monate, soll es gedauert haben, bis aus der Aversion der Königin größte Intimität wurde. Sicher ist wohl nur, dass irgendwann in diesem Winter das begann, was Struensee später als »Verführung« Ihrer königlichen Majestät angelastet wurde. Nach Struensees eigener Aussage hat er die Königin Anfang 1770 das erste Mal in der Nacht in ihrem Zimmer heimlich besucht.

Wenn man denen, die die Königin in diesen Monaten genau beobachteten, Glauben schenkt, dann hatte sie jedenfalls nichts dagegen, sich verführen zu lassen. Im Gegenteil. Sie wirkte zum ersten Mal seit ihrer Ankunft in Kopenhagen glücklich.

Königin und Leibarzt

»Ihr Verkehr ließ in jeder Beziehung erkennen, dass sie sich liebten, sie suchten sich gegenseitig auf, sie freuten sich beisammen zu sein – mit einem Worte: die Liebe zeigte sich in solcher Weise, die man wohl bemerken, aber nicht beschreiben kann.« So beschrieb der beste Freund und einzige Vertraute Struensees Enevold Brandt das Verhältnis zwischen Caroline Mathilde und Struensee.[12]

Die Geschichte kennt nur wenige Beispiele, schreibt Reverdil in seinen Memoiren, wo es gelang, eine Liebesgeschichte bei Hofe über einen längeren Zeitraum zu verheimlichen. Meist verkündeten die Höflinge sie schon, bevor sie noch wirklich existierte. Darum lässt sich über den genauen Zeitpunkt, wann die Beziehung zwischen den beiden begann, streiten, aber nicht darüber, ob sie überhaupt begann, denn sie wurde genauestens von Kammerjungfrauen und Kammerdienern beobachtet, ja sogar ausspioniert.

Da nutzte es auch nichts, dass es in jedem der von der Königsfamilie und ihrem Hofstaat bewohnten Schlösser geheime Gänge gab, die nächtliche Besuche ermöglichten ohne großes Aufsehen zu erregen. Die Schlafzimmer der Königin auf Christiansborg, Frederiksberg und Hirschholm waren so gelegen, dass man von dort insgeheim in Struensees Zimmer gelangen konnte.

Im Gerichtsprotokoll heißt es später: 1770 wurde auf Christiansborg »zwischen dem Kabinett Ihrer Majestät und den Zimmern Struensees ein geheimer Gang und eine Treppe, wozu der Eingang bis dahin stets verschlossen gewesen, auf Befehl Ihrer Majestät geöffnet und in diesem Gange von drei Uhr nachmittags bis acht Uhr des Morgens Licht brennen musste, wobei angeordnet wurde, dass die Wächter in dieser Zeit nicht nach den Lampen sehen durften«.

Die Kammerjungfrauen Carolines Blichenberg, Schiötte und Anne Petersen hatten durch die häufigen und immer länger andauernden Besuche Struensees bei der Königin schon im Winter 1769 Verdacht geschöpft. Auch Struensees Kammerdiener Hansen hörte, wie die Tür zu dem dunklen Gang nachts geöffnet wurde.

Das, was dann einsetzte, war sicherlich weit entfernt von dem normalen Verhalten, das Kammerjungfrauen an den Tag legen sollten. Nach eingehender Beratung wurde beschlossen, Wachs in das Schlüsselloch und an den Schlüsselbart zu schmieren und Papier in die Türritze zu stopfen. Und siehe da, morgens war das Wachs aus dem Schlüsselloch und vom Schlüssel verschwunden und das Papier lag auf dem Boden. Die Tür war geöffnet worden, und da nur die Königin den Schlüssel besaß – er lag immer auf dem Nachttisch hinter dem Spiegel –, musste sie die Tür geöffnet haben um Struensee hereinzulassen.

Um ganz sicherzugehen, streute Anne Petersen in den Gang Puder und es zeigten sich männliche Stiefelspuren im Gang, an der verdächtigen Tür bis zum Bett der Königin. Alles Beweise dafür, dass die Königin nächtlichen Besuch gehabt hatte.

Struensee stritt das später auch gar nicht ab, behauptete aber, er hätte der Königin, weil sie sich unwohl fühlte, Arzneien bringen müssen.

Ein vergeblicher Versuch, denn die emsigen Kammerfrauen hatten natürlich weitere Beweise gesammelt. Platonisch war sie jedenfalls nicht, diese Liebesbeziehung, auch wenn einige der Romanautoren der nachfolgenden Jahrhunderte das gerne gehabt hätten, um die »Unschuld« ihrer Hauptfigur Caroline Mathilde zu erhalten.

Der Ankläger im Ehescheidungsprozess sprach 1772 von den »Vorläufern, Begleitern und Folgen eines solchen unerlaubten Verkehrs« und meinte damit keinesfalls, dass Struensee wiederholt zu allen Tageszeiten in Reitkleidung und mit schmutzigen Schuhen in Carolines Zimmer auf dem Kanapee sitzend angetroffen wurde.

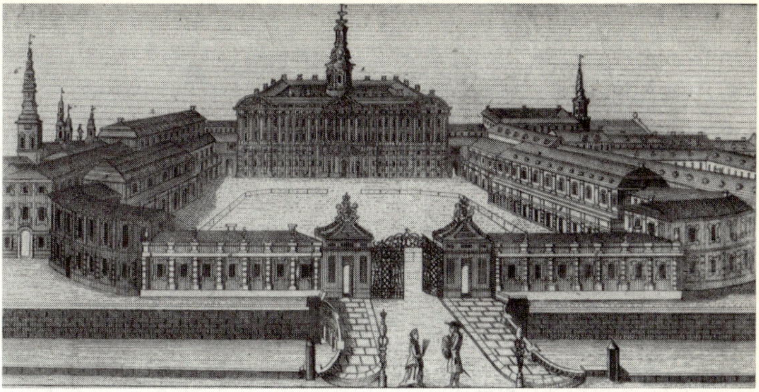

Die Reitbahn von Schloss Christiansborg

Als die Kammerfrauen einmal unangemeldet in das Kabinett der Königin kamen, lief sie ihnen aufgeregt entgegen und befahl ihnen, nur noch hereinzukommen, wenn sie gerufen würden. Außerdem sollten sie sich nicht mehr im Zimmer direkt neben dem der Königin aufhalten.

Oft, wenn sie des Nachts gerufen wurden, um die Königin zum Schlafen anzukleiden, saß sie schon nackt in ihrem Bett oder lief nackt in ihrem Zimmer herum, die Haare zerzaust, die Kleider auf dem Boden verstreut. Sie sah dann besonders »echauffiert« aus, sodass die Bediensteten sich schämten sie anzusehen.

Ihre Verschämtheit hielt die Kammerfrauen nicht von weiteren eingehenden Untersuchungen ab. Die Laken waren in Unordnung, stellten sie fest, und man konnte erkennen, dass mehr als eine Person im Bett gelegen hatte. Der König war es nicht gewesen, da waren die Kammerfrauen ganz sicher, denn der benutzte nie den geheimen Gang und vor die Tür, die direkt zu seinem Zimmer führte, ließ Caroline jede Nacht einen Riegel vorschieben.

Außerdem wurden Tücher und Servietten der Königin an den unmöglichsten Stellen gefunden: in den Ecken der Zimmer, im Nachttopf, sogar in Struensees Westentaschen, alle »beschmutzt«, genau so wie die Laken im Bett, mit »solchen Flecken, welche die Zeugen als Frauenzimmer zu beschreiben sich schämten«.

Der Verteidiger machte später im Prozess in seiner Rede einen ziemlich lahmen Versuch, diese Zeugenaussagen als bloße Vermutungen zu entkräften, da sie niemals direkt etwas »Unanständiges bei der Königin gesehen« hätten.

Weitere Beweise für die Liebesbeziehung waren die Geschenke, die man bei Caroline und Struensee fand. Struensee besaß verschiedene Ringe, die er vom König bzw. von der Königin bekommen hatte. Dann ein goldenes Herz mit blauer Emaille, das ihm nach eigener Aussage die Königin geschenkt hatte. Und ein blaues Etui, in dem das Porträt Carolines versteckt war.

Das gleiche Etui besaß Caroline in Grün und mit Struensees Porträt. Dies schmuggelte sie bei ihrer Verhaftung mit auf die Festung Kronenburg, wo sie es unter ihrem Kopfkissen versteckte, immerzu herausholte und betrachtete. Dann gab es da ein Granatkreuz mit roten Rubinen, das sie lange auf ihrer Brust verborgen getragen hatte, das sie oft küsste und ihren Kammerfrauen gestand, dass sie es von einem besonders guten Freund habe und sie besondere »sentiments« damit verbände.

Und da waren natürlich die roten Strumpfbänder, die heute noch im Museum auf Schloss Rosenborg in Kopenhagen zu bewundern sind. Caroline trug diese Strumpfbänder, ob sie welche brauchte oder nicht, weil es für sie »Sentiments-Strumpfbänder« waren. Angeblich hatte sie diese Struensee abgekauft, der sie in Hamburg erstanden hatte.

Ein kleiner blauer Fleck, den man einmal auf der Brust der Königin entdeckt hatte, galt später ebenfalls als sehr verdächtiger Hinweis. Kammerfrau Horn sagte aus, dass die Königin diesen Fleck sehr sorgfältig versteckte und besorgt gefragt hatte, ob man erkennen würde, was das war. Frau Horn war ganz sicher, dass dort jemand »gesaugt« haben musste, und die Königin hätte daraufhin gelacht und geschwiegen.

Auch wenn man davon ausgehen muss, dass der spätere Ehescheidungsprozess insgesamt eine Farce war und das Urteil schon vorher feststand, so war die Indizienlage erdrückend.

Viel verwunderlicher ist es, dass Kammerjungfrauen an einem Hof wie dem Christians VII., der in ganz Europa zum Skandal wegen der sexuellen Eskapaden des Königs geworden war, ihre Herrin ausspionierten, um Beweise für ihre eheliche Untreue zu sammeln.

Und ist es nicht eher erstaunlich, dass Caroline in einer Zeit und insbesondere an einem Hof, in der eheliche Treue als lächerliche bürgerliche Erfindung angesehen wurde, drei Jahre lang treu gewesen ist? Nur ein kleiner Flirt mit dem Höfling Frederik von Gramm wurde ihr nachgesagt, während Christian durch die Hurenhäuser Europas zog und offen mit seiner Geliebten auf Hofbällen tanzte, direkt vor den Augen seiner hochschwangeren Frau.

Es war auch nicht Christian, der sich empörte. Seine Stellung zu dem offensichtlich für alle Augen sehr engen Verhältnis seiner Frau zu Struensee war indifferent. Sein Interesse an Frauen, insbesondere an seiner eigenen, zu der er ohnehin nur gegangen war, um seine Männlichkeit zu beweisen, nahm mit fortschreitender Krankheit ab. Oft zog er sich stundenlang in seine Zimmer zurück und spielte mit seinen Pagen oder seinem Hund.

Die Einstellung Christians zur Ehe war bekannt. Eine Ehe »à la mode« wollte er führen und das hatte er ja auch getan. Von Treue hielt er gar nichts und alle Zeitzeugen berichten, dass es ihm völlig egal war, ob die Beziehung der beiden irgendwelche ehelichen Moralvorstellungen verletzte, denn für die hatte Christian ohnehin nur Spott übrig. Im Gegenteil, er förderte sie und profitierte vom guten Verhältnis zwischen ihnen, denn in seiner Welt, die zunehmend von dunklen, Angst machenden Träumen bestimmt war, gehörten Struensee und Caroline zu den einzigen Menschen, zu denen er wirklich Vertrauen hatte.

Und Caroline Mathilde? Sie war aufgewachsen mit den strengen Moralvorstellungen ihrer Mutter. Aber sie hätte wohl schon mehr »als eine Heilige sein müssen«, wenn sie an diesem Hof mit diesem Ehemann an ihrer Seite die erste große Liebe ihres Lebens aus moralischen Gründen aufgegeben hätte.

Wenn man einen Menschen liebe, dann müsse man ihm überallhin folgen, sogar bis zum Galgen und Rad, sogar bis zur Hölle. Diesen wohl bekanntesten Ausspruch Carolines soll sie in einem Gespräch mit ihren Kammerfrauen, mit denen sie anfangs einen sehr vertrauten Umgang pflegte, gemacht haben. Er zeigt, dass ihr zumindest theoretisch klar war, wohin ihre Beziehung zu Struensee führen könnte.

Sie hatte nur noch ein Ziel, in der Nähe ihres Geliebten zu sein, und gewährte ihm dabei in aller Öffentlichkeit einen so vertrauten und ungezwungenen Umgang, der schon »den Ruf einer normalen Frau ruiniert hätte«.

Bislang hatte sie, besonders nach der Geburt ihres Sohnes, um den sie sich sehr kümmerte, eher zurückgezogen gelebt. Nun aber zeigte sie sich häufiger in Kopenhagen, nahm an Jagdausflügen des Hofes teil. Bälle, Konzerte, Maskenbälle, alles an der Seite Struensees. Stundenlange Ausritte und Spaziergänge zu zweit morgens von fünf bis acht.

Wenn sie einmal Witwe würde, vertraute Caroline ihren Kammerfrauen an, würde sie eine Privatperson heiraten, die sie liebe, auch wenn sie dann das Land verlassen müsste.

»Die wütendste der Leidenschaften ist Eifersucht; die giftigste der Schlangen, die Furien in unseren Busen werfen.« So schrieb Salomon Geßner, einer der von Caroline Mathilde bevorzugten Dichter, in seinen »Idyllen« über die Eifersucht. Aber während der Alexis in Geßners Geschichte keinen Grund zur Eifersucht hat, konnte sie keinesfalls so sicher sein. In einem Gespräch mit ihren Kammerfrauen sagte sie, dass man verrückt werden oder sich das Leben nehmen müsse, wenn der Mensch, den man liebte, untreu würde.

Struensee machte sich zwar über ihre Eifersucht lustig, indem er Brandt erzählte, dass er, wenn es nach ihr ginge, auf Bällen immer nur mit der ältesten Dame tanzen dürfte.

Aber schon bevor er nach Kopenhagen kam, eilte ihm der Ruf eines Frauenhelden voraus. Ob er nun ein schöner Mann war oder nicht, darüber streiten sich seine männlichen Zeitgenossen. Einigkeit aber

bestand in der Feststellung, dass er bei den Frauen unheimlich gut ankam. Und wenn der englische Gesandte das nicht so recht verstehen konnte, so war er wohl nur ein wenig neidisch auf den Erfolg Struensees bei den Damen.
Auch in der Zeit in Kopenhagen werden ihm verschiedene Liebschaften nachgesagt. Frau von Berckentin, der er den letzten Brief vor seinem Tode schrieb, war ihm schon aus Altonaer Zeit bestens bekannt. Sie hatte sich persönlich dafür eingesetzt, dass er an den Hof kam. Frau Gabel, die er ja dem König als Geliebte vermitteln wollte und die dann so plötzlich verstarb, war ursprünglich seine Geliebte und jeder in Kopenhagen wusste das.
Sogar mit Carolines Kammerfrau Frau von Eyben soll er ein Verhältnis gehabt haben, das sogar noch andauerte, als er schon längst mit Caroline zusammen war.
Zeugen berichteten von eifersüchtigen Szenen zwischen beiden Frauen, die dann auf Schloss Traventhal im Sommer 1770 zur Entlassung Frau von Eybens führten. Die rächte sich auf ihre Weise, indem sie als Hauptzeugin später gegen Caroline und Struensee aussagte; ausgerechnet ihr gegenüber hatte Caroline das Verhältnis zu Struensee zugegeben.
Struensee charakterisierte sich später rückblickend so: »Ich kann es nicht leugnen, ich bin ein gefährlicher Verführer gewesen. Ich habe durch meine Grundsätze die Unschuld oft betrogen. Auch gut denkende Frauenzimmer habe ich überwunden und sie noch über ihre Vergehungen wieder beruhigt. Es war fast keine, an die ich mich wagte, im Stande, mir in die Länge zu widerstehen, wenn sie sich nicht gleich auf die Flucht begab.«
Caroline Mathilde ergriff nicht die Flucht. Warum auch? Sie liebte Struensee ganz offensichtlich und ohne Rücksicht auf ihr Ansehen. Sie war, wie ihre Äußerungen den Kammerfrauen gegenüber zeigen, auch bereit, die Konsequenzen dieser Liebe zu tragen.
Sicher muss man einige Abstriche an der Selbsteinschätzung Struensees machen, denn der Struensee im Gefängnis, der diese Worte dem Prediger Münter gegenüber machte, ähnelte durch die

Panik vor der Folter und dem Bestreben Reue zu zeigen, um vielleicht doch noch etwas zu retten, »so wenig dem früheren kühnen Reformator, als seien es zwei verschiedene Personen gewesen«.

Aber festzuhalten bleibt, dass Struensee sich in keiner Weise von dem Gros der Männer und Frauen der Gesellschaft des 18. Jahrhunderts unterschied, für die Liebe gemäß der vorherrschenden Einstellung nur ein Spiel war, das man zu seinem Vergnügen nach bestimmten Regeln spielte, zu denen die Treue aber nicht gehörte. Es ging um Lust, nicht um Liebe. Liebesspiele als Zeitvertreib gegen die Langeweile am Hofe, denn neben dem offensichtlichen Lustgewinn für die direkt Beteiligten bescherte so eine Liebesbeziehung den Zuschauern auch immer abwechslungsreichen Gesprächsstoff.

Außerdem hatte Struensee bei seinem Plan mit Frau Gabler schon bewiesen, dass er sexuelle Beziehungen ganz im Geist der Zeit skrupellos und ohne Rücksicht auf die Gefühle der Frauen für seine Zwecke einzusetzen bereit war. Die Zeitzeugen berichten ganz sachlich und dadurch glaubhaft von Liebschaften, die er auch während seiner Beziehung zu Caroline Mathilde nebenher gepflegt hat. Es war, zumindest für einen Mann, nichts Ungewöhnliches, sich Lustgewinn in verschiedenen Betten zu holen.

Von Struensee weiß man auch, dass er ein großer Anhänger des französischen Philosophen Claude Adrien Helvétius war, den er während seiner Reise als Arzt Christians in Paris persönlich kennen lernte. Helvétius lehrte, dass allen Menschen der natürliche Drang, sich Lust zu verschaffen, gemeinsam ist und dass die Lust, das Gefühl der Befriedigung, das höchste Gut und Ziel allen sittlichen Handelns sei (Hedonismus). In Anlehnung an den griechischen Philosophen Epikur hieß es, dass jede Freude an sich gut und das Glück auf Erden das höchste anzustrebende Gut sei. Trotzdem solle man mit Hilfe des Verstandes prüfen, welche Lüste man sich gönnen wollte, da blinde Leidenschaft nur Unglück bringe.

Während Caroline Mathilde eher eine romantische Liebesbeziehung anstrebte, wie sie die Heldin Pamela im gleichnamigen Lieblingsroman der Frau von Plessen erlebte, so fand sich Struensee wohl eher in einer der Hauptpersonen in Christians Lieblingsroman »Le Sopha« von Crébillon wieder: »Gefühle aber ... braucht man sehr wenig bei einer Liebesaffäre«, lässt Crébillon seinen Nasses sagen. »Sie verdanken ihre Entstehung fast alle der Gelegenheit, der Bequemlichkeit, dem Müßiggang. Man sagt sich, ohne dies wirklich zu empfinden, dass man sich liebenswürdig findet; man lässt sich miteinander ein, ohne einander zu vertrauen; man weiß, dass man vergebens auf Liebe wartet, und man geht auseinander aus Furcht vor Langeweile.«

Man kann wohl davon ausgehen, dass Struensee die Beziehung zu Caroline nicht nur aus romantischen Gefühlen heraus pflegte, sondern diese durchaus für seine eigenen Pläne einzusetzen gedachte. Denn er war einer der wenigen am Hofe, die ziemlich früh das wahre Ausmaß der Krankheit des Königs erkannten und wussten, dass sich die Zurechnungsfähigkeit und damit seine Regierungsfähigkeit in den kommenden Monaten noch rapide verschlechtern würde. Caroline Mathilde würde damit zunehmend an Einfluss gewinnen, und wer sie dann beherrschte, war der eigentliche Regent im Land. Eine einfache Rechnung, die ja auch für kurze Zeit aufging.

Und warum sollte sich jemand über das Verhältnis zwischen der Königin und ihrem Arzt groß aufregen? Die meisten Ehepaare am Hofe führten eine ähnlich lockere Beziehung wie das Königspaar, indem jeder seine Freiheit ausleben durfte.

Eines übersahen Caroline Mathilde und Struensee jedoch: »Wenn es sich wenigstens um einen großen Seigneur gehandelt hätte«, schrieb Reverdil und schüttelte den Kopf über so viel Unkenntnis und Arroganz gegenüber den gesellschaftlichen Gepflogenheiten. Dann wäre es nur halb so schlimm gewesen.

Aber Struensee war nur ein Arzt, gehörte zunächst als »maître des requêtes« gerade dem zweiten von insgesamt sechs Rängen am Hofe an und war damit keinesfalls gesellschaftlich gleichgestellt. Sein Verhalten galt nicht so sehr als unmoralisch, aber als anmaßend, denn so locker die Sitten auch waren, die Grenzen zwischen den gesellschaftlichen Klassen durfte niemand ungestraft übertreten.

Und so wurde die Beziehung zwischen den beiden nicht nur von Anfang an ausspioniert, sondern verbreitete sich auch als Skandalgeschichte vom dänischen Hof über das ganze Land, durch die europäischen Hauptstädte bis nach London aus.
Von dort gingen ungläubige, entsetzte, wütende Briefe nach Kopenhagen, beschwörende Appelle, die alle bei Caroline keine Wirkung zeigten. Wozu auch? Sie war 18, Königin, hatte ihre Pflicht getan und dem Land einen Thronfolger geschenkt. Jetzt war die Zeit gekommen, das Leben so richtig zu genießen.

Die Erziehung des Kronprinzen als Experiment

»Der Graf Struensee hat den Sohn des Königs, Se. Königl. Hoheit, den Cronprinzen Friedrich, hart behandelt, so daß es scheinet, als ob seine Absicht blos dahin gegangen sey, den Cronprinzen aus dem Wege zu schaffen, oder ihn wenigstens so zu erziehen, daß er zur Regierung untüchtig würde.« So lautete der dritte Anklagepunkt im Prozess gegen den entmachteten Struensee.[13]

Das, was der Generalstaatsanwalt hier Struensee vorwirft, ist genau die Erziehungsmethode, nach der man mit Billigung der amtierenden Minister Christian VII. erzogen hatte, genau mit ebendiesem Ziel, dass er zur Regierung untauglich würde. Mit dem Ergebnis, das auch den meisten Insidern bekannt war: Christian VII., amtierender König von Dänemark, war schon mit 18 Jahren ein physischer und psychischer Krüppel, woran seine harte, zum Teil körperlich und seelisch brutale Erziehung durch den Grafen Reventlou ganz entscheidend mitgewirkt hatte.

Und um das bei ihrem Sohn zu vermeiden, gab Caroline Mathilde seine Erziehung in die Hände Struensees. Vergleicht man die Ergebnisse, so hätte Struensee eher einen Orden als eine Verurteilung verdient gehabt. Aus dem schwächlichen, ständig kränkelnden zweijährigen Kronprinzen wurde ein erwachsener Mann, der zeit seines Lebens als ausgesprochen widerstandsfähig galt, selten krank war und im Gegensatz zu vielen seiner Mitregenten auf anderen europäischen Thronen nicht nur in der Lage war, sich selber zu waschen und an- bzw. auszukleiden, sondern der das auch eigenhändig tat.

Ein König, der den Prunk der absolutistischen Höfe ablehnte und statt Etikette und Prachtentfaltung die Natur vorzog.

Mit zwei Jahren dagegen war der Kronprinz schwach, voller Eigensinn, schrie oft, wollte nicht gehen, sondern getragen werden, wollte nicht alleine spielen, sondern immerzu unterhalten werden, indem für ihn »gelärmet, gesungen, getanzt« wurde. Außerdem fürchtete er sich vor seiner Mutter, weil man ihm drohte, wenn er nicht brav wäre, würde seine Mama kommen.

Nachdem Struensee im Herbst 1769 die Erziehung ihres Sohnes übernommen hatte, änderte sich das Leben des Prinzen grundlegend. Damit er nicht nur unter Erwachsenen aufwuchs, bekam er einen gleichaltrigen Spielkameraden, Carl, Sohn eines Kopenhagener Arztes. Die Bediensteten wurden angewiesen, keinen Unterschied zwischen beiden zu machen, damit der Kronprinz nicht zu früh »die äußeren Unterscheidungszeichen seines Standes kennen lerne ... oder ihm eine Eitelkeit einzuflößen, die nachher durch moralische Grundsätze wieder unterdrückt werden muss«.

Zu den Mahlzeiten bekamen sie nur Früchte, Brot, Wasser, Reis, Milch, Kartoffeln, alles kalt. Sie wurden mehrmals wöchentlich in kaltem Wasser gebadet, hielten sich in einem ungeheizten Zimmer leicht bekleidet auf und auch im Winter ohne Schuhe und Strümpfe. Sie durften alles tun, was sie aus eigenen Kräften erreichten. Hilfe der Diener war untersagt. Fielen sie hin, so mussten sie selber wieder aufstehen. Sie aßen allein und zogen sich alleine an. Sie waren ganz auf sich gestellt, alleine auch im Dunkeln.

Erst mit sechs Jahren sollte der Kronprinz Unterricht bekommen. Bis dahin blieb die Erziehung der Natur überlassen, indem die beiden Jungen durch eigene Erfahrung und Übung, durch Erfolg und Misserfolg dazulernten.

Was wohl selbst von den meisten der heutigen Väter und Mütter als ziemlich extreme Erziehungsmethode zurückgewiesen würde, musste für die damalige Zeit und dann noch angewandt auf einen Prinzen in der Tat ein Beweis für den Versuch gewertet werden, den Kronprinzen aus dem Weg zu schaffen. Daher ist die Forderung der

Caroline Mathilde mit Kronprinz Frederik

Todesstrafe nach Buch 6, Kapitel 4, Artikel 1 des dänischen Gesetzbuches durch den Chefankläger im späteren Prozess auch nur eine logische Folgerung und er konnte sich in diesem Punkt des Beifalls der meisten Dänen sicher sein.

Da half es Struensee und seinem Verteidiger auch wenig, wenn sie immer wieder betonten, dass König und Königin einverstanden gewesen seien. Die »Königin hat es gewünscht, gewollt und selbst ausgeführt«, ja er habe sich sogar mehr als einmal ihren Unwillen zugezogen, als er sie bremsen wollte und ihr klar machte, dass die »rechten Gränzen dabey überschritten würden«.

Sicher hat Struensee die Erziehung des Kronprinzen nicht ohne Caroline Mathildes Einverständnis übernommen, ja sie wird dies, da sie zu ihm als Einzigem Vertrauen hatte, sogar gewünscht haben. Denn sie liebte ihren Sohn und wollte um jeden Preis verhindern, dass mit ihm das Gleiche passierte wie mit Christian. Auch der König war sicher einverstanden, wenn es ihn überhaupt interessiert hat, denn sein Vertrauen zu Struensee war ähnlich groß. Es gab viele Ähnlichkeiten zwischen diesem und seinem alten Erzieher Reverdil, der ihn und seine Nöte immer ernst genommen und ihn nicht so gequält hatte wie Reventlou.

Aber dass Caroline Mathilde den Überblick über die Erziehungstheorien der Aufklärung hatte, darf bezweifelt werden. Struensee setzte dagegen bei der Erziehung des Kronprinzen nur die Prinzipien eines der berühmtesten Pädagogen seiner Zeit, des Franzosen Jean-Jacques Rousseau, nahezu wortgetreu in die Tat um.

Die Aufklärung gilt auch als eine Epoche, in der sich die Pädagogik als eigenständige Wissenschaft zu entwickeln begann. Ausgehend von seiner These, dass der Mensch von Natur aus gut sei und erst durch die Gesellschaft korrumpiert wird, entwickelte Rousseau in seinem Roman »Émile oder über die Erziehung« ein Konzept, wie man im Kind Mündigkeit, Selbständigkeit und Emanzipation entfalten kann. Es gehe nicht darum, das Kind nach dem Willen der Erwachsenen zu erziehen, sondern sein Heranwachsen in seiner natürlichen und damit automatisch guten Entwicklung nur behutsam zu begleiten.

Rousseaus Thesen haben die Pädagogik revolutioniert und wirken bis heute nach. Sein Buch stand sowohl in Struensees Bücherschrank in Kopenhagen – er hatte Rousseau in Paris sogar persönlich aufgesucht –, es fand sich auch im Nachlass Caroline Mathildes.

Bei der Lektüre wird Caroline erfreut gewesen sein über den Satz, dass für Rousseau das Ziel einer Erziehung war, dem einzelnen Menschen ein menschliches und glückliches Leben zu ermöglichen und dass nur Abhärtung das Leben des Kindes sichert. »Der Körper muss Lebenskraft haben, um der Seele zu gehorchen ... Alle sinnlichen Eigenschaften wohnen in verweichlichten Körpern, die um so mehr davon gereizt werden, als sie sie nicht befriedigen können.«

Mit Christian vor Augen, unter dessen Verhalten sie so sehr leiden musste, das von Tag zu Tag schlimmer wurde und von dem sie wusste, dass es die Folge einer falschen Erziehung war, wie konnte sie da anders reagieren, als mit Freude und voll Vertrauen ein Erziehungskonzept zu versuchen, das versprach aus ihrem Sohn einen lebenstüchtigen, glücklichen Menschen zu machen?

Allerdings haben Struensee und die Königin ihren Rousseau nicht ganz genau studiert, denn sein System war in der Praxis noch nie ausprobiert worden und so warnt er selber seine Leser: »Und selbst wenn es sich um Wagnisse handelt, die untrennbar sind vom menschlichen Leben, was könnte man Besseres tun, als sie in die Lebenszeit zu verlegen, zu der sie am ungefährlichsten sind?« Und wenn dann das Kind diese Prüfungen überstanden habe, dann sei es abgehärtet und für sein Leben besser abgesichert.

Wenn aber nicht?

Der Vorwurf, Caroline Mathilde und Struensee hätten das Leben des Kronprinzen bewusst gefährden wollen, trifft mit Sicherheit nicht; sie wollten ja genau das Gegenteil. Aber es war schon eine gefährliche Provokation vor allem von Struensee, den Kronprinzen als Versuchsobjekt zum Ausprobieren pädagogischer Theorien der Aufklärung zu benutzen. Da muss man dem Ankläger Recht geben, der keinen einzigen Fall kannte, bei dem diese Erziehungsmethode angewandt wurde.

Rousseau führte auch die Vergnügungssucht und die damit zusammenhängende Fehlentwicklung seiner Zeit auf die falsche Erziehung zurück. Er forderte, dass die Mütter sich wieder auf ihre Mutterrolle besinnen sollten, statt ihren Vergnügungen nachzugehen. Gestützt auf Rousseau riet Struensee später Caroline, dass sie ihre Tochter selber stille, was sie auch tat. Liebe, Fürsorge und Nähe, das waren die Prinzipien, auf denen die Beziehung zwischen Eltern und Kindern aufbauen sollte, weil es so der natürlichen Entwicklung entspräche.

»Der Graf Struensee hat sich die Vertraulichkeit der vornehmsten Dame im Lande erschlichen, und das in einem solchen Grade, dass es die Grenzen überschritt, ...« So beschrieb der Chefankläger im Prozess gegen Struensee das Entstehen der Beziehung zwischen den beiden.

Die gemeinsame Sorge um die Gesundheit und die Erziehung ihres Sohnes hat nicht unerheblich dazu beigetragen, dass Caroline Mathilde Struensee immer stärker vertraute. Vor allem, nachdem er Frederik erfolgreich gegen die in Dänemark wütenden Pocken geimpft hatte.

»Von den Pocken und von der Liebe bleibt niemand verschont.« Dieses Sprichwort macht deutlich, wie verheerend die Pocken im Europa des 18. Jahrhunderts wüteten. Jährlich starben 400000 Menschen an der Krankheit. In Zeitabständen von 4 bis 5 Jahren kam es zu Epidemien, die vor allem bei den Kindern hohe Verluste verursachten.

Im Herbst 1769 starben allein in Kopenhagen 1200 Kinder. Struensee, der sich schon in Altona mit der damals noch völlig neuen Methode des Impfens befasst hatte, richtete auf Befehl des Königs in Kopenhagen eine Impfanstalt ein, in der arme Kinder kostenlos, reiche gegen Bezahlung geimpft werden konnten.

Auf Wunsch der besorgten Königin impfte er am 2. Mai 1770 auch den Kronprinzen. Die Kammerfrauen berichten, dass die beiden Tag und Nacht bei dem Kronprinzen wachten, als das Fieber anstieg und schließlich doch feststand, dass er überleben würde. Aus diesen Tagen stammen die Zeugenaussagen, dass Caroline manchmal noch mitten in der Nacht nur mit einem Nachthemd bekleidet zu Struensee eilte um ihn zu holen.

Christan kümmerte sich in dieser Zeit weder um seinen Sohn noch um seine Frau. Es war Teil seines Krankheitsbildes, dass er echte Fürsorge für andere Menschen gar nicht empfinden konnte.

Zum Dank für seine Hilfe sorgte Caroline Mathilde dafür, dass Struensee zu ihrem Kabinettssekretär und schon am 4. Mai zum Konferenzrat ernannt wurde; das war der Beginn seines politischen Aufstiegs.

»Derjenige, der solches von der Königin spricht, verdient seine Zunge zu verlieren.« So sprach Caroline Mathilde zu ihren Kammerfrauen und redete von diesem Tag an nur noch in gebieterischem Ton mit ihnen. Diese Szene spielte sich irgendwann im Mai 1770 in Ca-

Caroline Mathilde in der Uniform ihres Leibregiments

rolines Kabinett ab. Die Kammerfrauen hatten es »bekümmert für den teuren Namen und das Renommee der Königin und ängstlich wegen der Folgen dieser vermessenen Tat« gewagt, Caroline Mathilde darauf aufmerksam zu machen, dass inzwischen ihr Verhältnis mit Struensee bekannt sei, nicht nur den Kammerfrauen, sondern auch den beiden Königinwitwen und dem Minister Bernstorff.

Nachdem sie sich mit Struensee beraten hatte, stellte sie die beiden – wie oben erwähnt – zur Rede und leugnete alles. Ausgerechnet Frau von Eyben, der ehemaligen oder noch Geliebten Struensees, gestand sie unter Tränen, dass die Gerüchte stimmen würden, und bat um ihren Rat. Struensee habe ihr empfohlen, die Kammerfrauen zu bestechen, aber so weit wollte Caroline nicht gehen.

Die Zeugen berichteten vor Gericht, dass für ganze 14 Tage das Verhältnis ruhte, dann aber alles um so schlimmer wurde. So wurde beobachtet, dass Struensee sich sehr familiär, zum Teil grob Caroline gegenüber benahm. »Während die Königin ganz rückhaltlos zeigte, dass sie in Struensee ihren eigentlichen Herrn sah, war er ihr gegenüber oft in einer auffälligen und verletzenden Weise gleichgültig.« Auch Carl von Hessen fiel im Sommer 1770 auf, wie sehr sich die Königin geändert hatte. Sie sei in seiner Gegenwart immer verlegen gewesen. »Ich rufe mir nicht gerne die Haltung und die Äußerungen in das Gedächtnis zurück, welche Struensee sich erlaubte, öffentlich an die Königin zu richten, indem er auf dem Tisch seinen Ellbogen an den der Königin lehnte.« Er soll sie beim Kartenspielen grob kritisiert haben, ohne dass sie ihn zurechtgewiesen habe.

Was ihr aber in den Augen des Volkes am meisten schadete, war das Tragen von Männerkleidung. Das Schlimmste war, dass sie ihr nicht einmal stand. Sie hatte nicht die Figur dafür. Ihre Hüften waren viel zu dick, sie wirkte plump und war nicht schön anzusehen.

Christian aber liebte Frauen in Männerhosen. Schon die Stiefelkathrin war meist in Männerhosen herumgelaufen. So war er entzückt, als seine Frau ebenso erschien. Dass dies gegen die Etikette verstieß, störte ihn nicht, im Gegenteil. Struensee, der Christan bei Laune halten wollte, überredete Caroline, Männerkleidung nicht nur zum

Reiten zu tragen. So erschien sie auf Bällen an seinem Arm oft in Lederhosen mit einem schwarzen Dominomantel darüber.

War es bewusste Provokation, Naivität oder einfach nur Gedankenlosigkeit, dass Caroline Mathilde selbst am aufgebahrten Leichnam der Königinwitwe Sophie Magdalena, die im Mai 1770 gestorben war, in Reithosen am Arm Struensees in aller Öffentlichkeit vorbeischritt? Die Umstehenden waren erschrocken über so viel Pietätlosigkeit.

»Dieser Hof hat keinerlei Ähnlichkeit mit sonst etwas unter der Sonne«, urteilte ein Gesandter über die Zustände am dänischen Hof und meinte damit sicherlich weniger die moralischen Zustände. Denn da waren die Höfe in Paris und London gewiss nicht besser. Es war der Mangel an Etikette, das Fehlen von formalen Abläufen, was zu diesem Urteil führte.

»Wir kamen uns alle vor wie Diener eines guten Hauses, die sich an den Tisch gesetzt hatten, während die Herrschaft abwesend war«, beschrieb Reverdil die familiäre Atmosphäre.

Alles in allem war die Situation am Hofe zu skandalträchtig geworden und die Minister griffen auf das bewährte Mittel einer Reise zurück. Der Sommer nahte, das Königshaus verließ ohnehin traditionell Kopenhagen, um die Sommermonate auf einem der Schlösser in der Umgebung zu verbringen. Warum dann nicht alle in die Provinz schicken, bis sich die Wogen geglättet hatten?

Der Plan war gut, nur hatten die bislang Mächtigen übersehen, dass sich die Verhältnisse inzwischen zu ihren Ungunsten verschoben hatten. Dank Struensee, dessen Einfluss auf den König enorm gewachsen war, hatte auch die Macht der Königin zugenommen. Graf Holck konnte die Königin nicht mehr von der Reise ausschließen.

Und so verließ die Hofgesellschaft Kopenhagen in einer Zusammensetzung, die das von den Ministern geplante Ziel dieser Reise von Anfang an zweifelhaft erscheinen ließ. Denn nicht nur die Königin, sondern auch ihr Geliebter Struensee nahm teil. Hoffnung kam auf bei der Nachricht, dass man in England beschlossen hatte, mit Caroline über ihr unmögliches Verhalten zu reden. Die Prinzessin von

Wales, Carolines Mutter, war auf dem Weg nach Braunschweig, um dort bei ihrer Tochter Augusta einige Wochen zu verbringen und Caroline zu treffen.

Mit einem unguten Gefühl blickten die Zurückbleibenden am 18. Juni 1770 den abfahrenden Kutschen hinterher. Niemand ahnte zu diesem Zeitpunkt, dass Schloss Traventhal in Schleswig-Holstein, der Hauptwohnsitz der Hofgesellschaft in den nächsten Wochen, der Ausgangspunkt für eine Revolution von oben sein würde, die die bisherigen Machtverhältnisse auf den Kopf stellte.

Ländliche Idylle und Skandale

»Dürft´ ich vom Schicksal die Erfüllung meines einzigen Wunsches hoffen, ... dann wünscht' ich mir nicht Überfluss, auch nicht über Brüder herrschen, nicht dass entfernte Länder meinen Namen nennen. O könnt' ich unbekannt und still, fern vom Getümmel der Stadt, wo dem redlichen unausweichliche Fallstricke gewebt sind, wo Sitten und Verhältnisse tausend Thorheiten adeln, könnt' ich in einsamer Gegend mein Leben ruhig wandeln, im kleinen Landhaus, beym ländlichen Garten, unbeneidet und unbemerkt!«[14]

Der Rückzug in eine idyllische Natur, so wie er von Geßner beschrieben wird, entsprach dem Lebensgefühl vieler Menschen des 18. Jahrhunderts. Nicht umsonst zog es viele, u. a. auch einen Goethe, nach Italien; die Landschaft dort schien dem Ideal der Idylle am nächsten zu kommen. Caroline Mathilde teilte die Begeisterung ihrer Zeitgenossen, wie sie sie im heimatlichen Garten von Kew inmitten der griechischen Tempel und Statuen schon als Kind kennen gelernt hatte.

Zurück zur Natur, zurück zur Unschuld, zum einfachen Leben, losgelöst von allen gesellschaftlichen Verpflichtungen und Beschränkungen. Das war auch Rousseaus Maxime, nach der Caroline ihren Sohn erzog.

In Kopenhagen wird eine Glasscherbe aus einem Kirchenfenster aufbewahrt. Sie soll sich einst in der Kapelle der Schlosskirche von Christiansborg neben dem Platz Carolines befunden haben. In ihrer Handschrift sind die Worte eingeritzt: »Keep me innocent, make others great!«

Verlust der Unschuld, wenn man sich durch Macht verführen lässt? So soll sie Struensee im Sommer 1771 davor gewarnt haben, sich den Titel eines Geheimen Staatsrates und damit absolute Macht anzueignen. Hatte sie eine Ahnung, wohin das alles führen würde? Rückzug in die Idylle, um für einige Wochen Zeit und Realität auszublenden. Im Sommer des Jahres 1770 erlebte Caroline Mathilde wohl die unbeschwertesten Wochen ihres Lebens. 288 Personen umfasste die Hofgesellschaft, die am 22. Juni auf Schloss Gottorf, dem Sitz des dänischen Statthalters für die Herzogtümer Schleswig-Holsteins, Carl von Hessen, eintraf.

In den insgesamt 14 Tagen des Aufenthaltes dort hatten Carl von Hessen und seine Frau, Christians Schwester, ausreichend Gelegenheit, das Königspaar und Struensee zu beobachten. Entsetzt schrieb Carl von Hessen: »Alles, was ich über den Zustand des Hofes hörte, war sehr traurig« und »Mein Herz brach, wenn ich die Fürstin, die mit so viel Geist und Liebenswürdigkeit begabt«, »unter schlechten Händen sah.«

Der Aufenthalt auf Gottorf entsprach in keiner Weise Carolines Erwartungen vom zwanglosen Landleben und so war sie froh, als es weiterging nach Traventhal, dem ehemaligen Sommersitz der Herzöge von Plön. Der Park direkt an der Trave wurde von Wasserkanälen durchzogen, auf denen die Hofgesellschaft Kahnfahrten machte. Die Alleen mit den schnurgeraden, wie mit einem Lineal gezogenen Beeten entsprachen wohl mehr der absolutistischen Vorstellung, dass auch die Natur vom Menschen beherrscht und zu Ehren des Fürsten zurechtgestutzt werden müsse. Aber es gab ja auch noch einen Irrgarten und eine versteckt liegende Grotte, in der sich Struensee und Caroline heimlich, wenn auch nicht unbemerkt, treffen konnten.

Hier endlich konnte man fast ohne jede Art der Einschränkung durch die Etikette leben. Verglichen mit Kopenhagen, wo jeder nach seinem Rang einen festen Platz hatte, herrschte hier Zwanglosigkeit. Sie ging sogar so weit, dass die Frau des Fürstbischofs von Lübeck, die eines Nachmittags mit ihrem Mann ihre Aufwartung machte,

zur Begrüßung die Hofdame statt der Königin umarmte, weil sich weder an der Kleidung noch am Platz der Rang erkennen ließ.
Das Königspaar begann auf den Rat Struensees mit einer Molkekur. Das Trinken des Käsewassers war ein bewährtes Mittel, um die Gewichtsabnahme zu fördern. Dies war wohl in erster Linie für Caroline Mathilde wichtig, denn bei allen Komplimenten, die sie für ihren Geist, ihre Haut und ihre schönen Arme bekam, wurde ihre übrige Figur weniger einfühlsam als »mächtig« oder sogar »fett« bezeichnet.
Ansonsten vergnügte man sich beim Besuch der umliegenden Schlösser, feierte den Geburtstag der Königin auf Schloss Ascheberg und schickte am 24. Juli den größten Teil des Hofstaates nach Kopenhagen zurück. Zur Begründung hieß es offiziell, der Hof wolle nach Ascheberg umsiedeln, in ein kleines Herrenhaus direkt am Plöner See, das nicht für alle Platz biete. Dies glaubten aber nur die wenigsten, denn erstens befanden sich unter den Zurückgeschickten ausgerechnet der Graf Holck, Frau von Eyben, die ehemalige Geliebte Struensees, und Holcks Schwester Frau von der Lühe, alles Menschen, die Caroline Mathilde verhasst waren und die in Kopenhagen ihr endgültiges Entlassungsschreiben vorfanden. Es waren eher die ersten Vorboten der politischen Revolution.
Zurück blieben 28 Personen, die auf dem Landsitz des Grafen Rantzau in Ascheberg das Landleben genossen.
Hatte man in Kopenhagen die »Comédie française« und die italienische Oper, so vergnügte man sich hier mit den bäuerlichen Untertanen. Sie veranstalteten Sackhüpfen und Ringstechen mit dem Hofstaat als Zuschauer. Der König revanchierte sich mit einem Maskenball, für den aus Hamburg Gesichtsmasken, Dominomäntel und Kostüme herangeschafft wurden Dann folgte ein Bauernball. Es gab Abende, da sang die Königin, begleitet auf der Flöte vom Grafen Enevold Brandt, den Struensee an den Hof zurückgeholt hatte, sobald Graf Holck gegangen war.
Diese Wochen in ländlicher Idylle lieferten später den Zeugen die meisten Beweise für das verbotene Verhältnis zwischen Struensee und Caroline Mathilde. Die morgendlichen Ausritte zu zweit ohne

oder mit falscher Angabe des Ziels; die zweite Tasse im Schlafgemach der Königin, die keinesfalls für den König bestimmt war, denn der verbrachte keine Nacht in dieser Zeit bei ihr; die Gardinen, die unbedingt vor das Schlafzimmer der Königin gehängt werden mussten, damit Bernstorff, dessen Zimmer direkt gegenüber lag, nicht sehen konnte, was er ohnehin wusste. Und dann natürlich die Beweise, zu deren näherer Beschreibung die Kammerfrauen sich auch diesmal nicht überwinden konnten.

Weitab von Kopenhagen gaben sich Struensee und Caroline offenbar keine große Mühe, ihre Liebesbeziehung zu verbergen, zu sehr darauf vertrauend, dass Dienstboten, falls es jemals zu einem so abwegigen Ereignis wie einer Befragung kommen sollte, niemals etwas gegen ihre Herrschaft sagen würden.

Es lässt sich gut nachvollziehen, dass Caroline Mathilde sich diese gute Stimmung nicht bei einem Besuch ihrer Mutter verderben lassen wollte. Und so schickte sie ihr einen Boten nach Braunschweig, wo alle Vorbereitungen für die Ankunft des dänischen Königspaares abgeschlossen waren, und ließ das Treffen wegen Unpässlichkeit platzen.

Carolines Mutter war zunächst besorgt. Als dann aber Nachrichten durchsickerten, dass ihre Tochter trotz Krankheit bis Mitternacht spielenderweise am Pharotisch saß und morgens munter ausritt, wandelte sich mütterliche Sorge in Empörung und sie befahl ein Treffen in Lüneburg.

Ob Caroline gehorcht hätte, wenn sie nicht befürchten musste, dass ihre Mutter sie sonst in Ascheberg aufgesucht hätte und dort womöglich tagelang geblieben wäre und die Zweisamkeit mit Struensee gestört hätte, ist zu bezweifeln. Der ganze Ablauf dieses Treffens zeigt eine Hektik und ein Desinteresse, die beweisen, dass Caroline hier einer lästigen Pflicht nachkam und nicht vorhatte, irgendetwas zu ändern.

Nach drei Jahren sahen sich Mutter und Tochter am 16. August 1770 wieder. Falls sie sich jemals nahe waren, so begegneten sie sich hier jedenfalls als Fremde. Es gab kein Gespräch unter vier Augen.

Vielleicht hatte Caroline Mathilde Angst davor. Immerhin war sie zum europäischen Skandal geworden, was auch für ihre Familie in England unangenehm war. Von einer englischen Prinzessin wurde erwartet, dass sie sich mit Geduld und Langmut ihrem Schicksal unterwarf, auch wenn es für sie einen kranken, sexuell abnorm veranlagten Ehegatten vorgesehen hatte. Keinesfalls war eingeplant gewesen, dass Caroline sich daraufhin anderweitig verliebte.

Die Engländer hatten auch Bedenken, weil Struensee seinen Freund, den Grafen von Rantzau, an den Hof zurückgerufen hatte. Von Rantzau war ein Feind der Russen. Das ließ befürchten, dass die dänisch-russischen Beziehungen eingetrübt würden und damit die Franzosen wieder die Nase vorn hätten. Und die Franzosen waren nun mal die erklärten Feinde der Engländer. Eine Schwächung der Position Struensees, in dem sich Caroline von ihm trennte, würde für die politischen Interessen der Engländer vorteilhaft sein. Insofern kam Carolines Mutter in doppelter Mission nach Lüneburg.

Genau diese Intervention musste Struensee befürchten. Vielleicht wollte er verhindern, dass sie mit ihrer Mutter alleine sprach. Er wusste schließlich nicht, ob und wie sehr sie sich von ihrer Mutter gegen ihn beeinflussen lassen würde. Und das ausgerechnet jetzt, wo er anfing mit den Fäden der Macht zu spielen.

Wollte sie der Mutter beweisen, dass sie sich nichts von ihr sagen ließ, als sie deren Wunsch ablehnte, Englisch zu reden? Sie habe es verlernt, sagte sie. Man habe ihr doch aus diesem Grund alle englischen Bediensteten weggenommen, damit sie möglichst rasch Dänin werden würde. Vielleicht sprach sie es nicht mehr so flüssig, aber in ihren Briefen, die sie auf Englisch an ihren Bruder schrieb, kann man davon nichts merken.

Ihre Mutter beherrschte das Deutsche, das sie seit ihrer Heirat nicht mehr gesprochen hatte, mit Sicherheit weniger als Caroline angeblich die englische Sprache. Ein Machtkampf auf sprachlicher Ebene, den Caroline für sich entschied. Die Prinzessin von Wales reiste erfolglos ab, nicht ohne vorher den Gesandten Georgs III., Mister Woodford, der auch nach Lüneburg gekommen war, zu bitten, mit

ihrer Tochter zu reden. Auch sein Versuch blieb ergebnislos. Der englische Gesandte in Schweden, der später mit dem gleichen Anliegen vorsprach, wurde erst gar nicht vorgelassen.
Ihre Mutter sah Caroline Mathilde nie wieder, da diese anderthalb Jahre später starb. Wenn sie das geahnt hätte, wäre das Gespräch wohl anders verlaufen. Aber vielleicht brauchte Caroline diesen Triumph auch um zu beweisen, dass sie nicht mehr das kleine Mädchen von damals war, dass sich die Augen ausweinte, weil es in die Fremde geschickt wurde.
Vielleicht hätte sie aber auch Verständnis und Rat von ihrer Mutter bekommen, die selber in England gesellschaftliche Ächtung wegen ihrer in den Augen der Zeitgenossen zu intensiven Freundschaft zu Lord Bute erfuhr.
Vielleicht aber hätten sie auch über Caroline Mathildes Urgroßmutter Sophie Dorothea gesprochen, die Prinzessin von Ahlden, die mit Georg I. verheiratet gewesen war. Eine der üblichen Heiraten aus politischen Gründen. Georg hatte sie von Anfang an betrogen, jeder wusste das, es war auch nichts dabei. Aber dann verliebte sie sich in den Grafen Königsmark, und verliebte Prinzessinnen, die diese Liebe auch noch auslebten, störten schon immer das gesellschaftliche und politische Leben. Am Ende wurde Graf Königsmark ermordet aufgefunden und Sophie Dorothea in die Verbannung nach Ahlden bei Celle geschickt, geächtet, einsam, getrennt von ihren Kindern.
Vielleicht aber hätte Caroline Mathilde das gar nicht hören wollen. Sie kannte jedes Detail aus den Erzählungen ihrer Kindheit. Und in der Geschichte wiederholten sich Ereignisse normalerweise nicht.

Auf dem Weg zur Macht

Er ist ein *»Würgeengel«*, ein so *»großer Spitzbube ..., als jemals in Deutschland auf der Messe ein- und ausgeläutet wurde«*.[15]

Der Generalstaatsanwalt fand 1772 im Prozess gegen Struensee immer neue Schimpfwörter für den Mann, der nach eigenen Aussagen nur einen Wunsch hatte, »nützlich zu werden und Handlungen zu verrichten, die einen weit ausgebreiteten Einfluss zum Vortheile der Gesellschaft, worinn ich lebte, haben könnte.«

Struensee, der zwar im Jahre 1769 tatsächlich in erster Linie als Leibarzt des Königs um dessen Person bemüht war, hatte aber im Sommer 1770 längst erkannt, dass sich durch die Krankheit des Königs und sein Liebesverhältnis zur Königin eine ungeahnte Chance auftat, seine von den Philosophen der Aufklärung geprägten Ideen und Pläne umzusetzen. Und das ganz im Sinne des von ihm so hoch geschätzten Helvétius, nach dem als übergeordnetes ethisches Prinzip allen Tuns das Streben nach gesellschaftlichem Nutzen gelten sollte.

Die politische Situation in Dänemark kam ihm dabei sehr gelegen. Die »lex regia« aus dem Jahr 1660 legte die gesamte Macht in die Hand des Königs. In der Theorie wenigstens.

Struensee beschuldigte die Minister, dass sie Christian bewusst die Lust an der Regierung nahmen, indem man ihn mit langweiligen Arbeiten überhäufte, die Angelegenheiten so kompliziert vortrug, dass sie nicht zu verstehen waren, unnötige Details aufführte, ihm keine echte Wahlmöglichkeit bei Entscheidungen ließ, weil sie die Minister ohnehin schon vorher getroffen hatten.

Der zweite Machtfaktor im Staat waren die Favoriten des Königs, bis dahin vor allem die Herren von Saldern und Graf Holck. Sie organisierten seine Vergnügungstouren durch Kopenhagen und nahmen daran teil, was ihnen den Hass Carolines, aber das Vertrauen Christians einbrachte. Er ließ sich daher von ihnen auch in seinen politischen Entscheidungen beeinflussen, zumal Graf Holck durch seinen Sitz im Staatsrat gleich zwei einflussreiche Positionen hatte.

Die Königin, als ein möglicher dritter Machtfaktor, spielte zu der Zeit, als Struensee an den dänischen Hof kam, keine große Rolle. Struensee spricht zwar davon, dass es eine Partei um die Königin herum gab, aber ihr Einfluss bestand wohl nur in ihrer Funktion als Königin, faktisch war sie durch den Grafen Holck und die anderen Favoriten kaltgestellt worden. Aber ihre Position war ausbaufähig, eine Aufgabe, an die sich Struensee sofort mit wachsendem Erfolg machte.

Alle bei Hofe waren ohne Ausnahme gegen ihn oder zumindest misstrauisch, stellte Struensee bei seiner Ankunft in Kopenhagen etwas verwundert fest. Den Grund dafür lernte er schnell kennen und nutzte ihn letztendlich zu seinem Vorteil: Wer Einfluss auf den König besaß, hatte die Macht im Staate Dänemark.

Im Sommer 1770 mitten im idyllischen Sommerurlaub war es so weit: Die Umorganisation des Staatsapparates begann. Unter der Leitung Struensees wurde ein Triumvirat gebildet, das aus ihm selber und den Grafen Brandt und Rantzau bestand. In den kommenden Wochen wurden alle möglichen und tatsächlichen Gegner ausgeschaltet, indem man sie in den Ruhestand oder auf ihre Landgüter schickte.

An die Stelle des Favoriten Graf Holck trat Brandt. Er war jetzt als »maître de plaisir« für die Vergnügungen am Hofe zuständig und durch seinen engen Kontakt zum König erste Informationsquelle für Struensee.

Wenn Struensee später in seiner Verteidigungsschrift Caroline Mathilde die Hauptschuld an diesem Personalwechsel gab, weil diese nur ein Ziel gehabt haben sollte, den verhassten Grafen Holck los zu werden, so dürfte dies nicht den Tatsachen entsprechen. Nach seiner Aussage schlug Struensee Caroline vor, den Favoriten gegen Brandt und Rantzau auszutauschen, weil diese dem König vertraut und angenehm seien. Der König hatte sich aber schon vorher nicht mit Brandt verstanden, der aus diesem Grund den Hof verlassen hatte, und die Beziehung zwischen ihnen war auch in dieser Neuauflage nicht besonders herzlich.

Rantzau sollte nach dem Wunsch der Königin, so Struensee, den politischen Schaden, den Holck angerichtet hatte, wieder gutmachen. Wenn dem so war, was zu bezweifeln ist, da sie Rantzau gar nicht näher kannte, und Struensee dem zugestimmt hatte, dann muss man beiden außenpolitische Naivität vorwerfen. Denn eine Rückkehr Rantzaus, der als Feind der Russen galt, musste zwangsläufig politische Probleme mit Russland hervorrufen und den Vertrag von Gottorf, in dem die Grenzen zwischen Dänemark und Russland neu geordnet wurden, gefährden. Das hatte nicht nur Georg III. erkannt, auch Minister Bernstorff versuchte in Gesprächen mit Rantzau diesen zum Verzicht zu bewegen.

Der eigentliche Grund für die Rückkehr der beiden Grafen lag darin, dass Struensee für seine Staatsreform Verbündete brauchte, und außerdem war er ihnen noch einen Gefallen schuldig. Ohne ihre Fürsprache wäre er ja nie Reisearzt Christians geworden.

Es ist schon bemerkenswert, wie Struensee in seiner Verteidigungsrede in nahezu jedem Punkt der Anklage versucht, Caroline Mathilde als treibende Kraft hinzustellen, um ihr so die Schuld zuzuschieben, während er selber zwar zugibt, Irrtümer begangen zu haben, aber nie wirklich schuldig geworden sei, da er ja immer nur das Beste für die Gesellschaft im Auge hatte.

Minister Bernstorff, die Hauptautorität der alten Regierung, bekam im September 1770 sein Entlassungsschreiben und zog sich verbittert nach Hamburg zurück.

Erster Höhepunkt der politischen Revolution war die Auflösung des Staatsrates durch ein Dekret des Königs am 27. Dezember 1770. Der Staatsrat behindere die Ausübung der direkten Macht des Königs, schrieb Christian und hat dieses Dekret sicherlich gerne unterschrieben, denn an den Sitzungen des Staatsrates hatte er nur widerwillig teilgenommen, weil er spürte, dass man ihn nicht ernst nahm. Jetzt kam die ganze Machtfülle wieder dort hin, wo sie nach dem Gesetz auch hingehörte, zu ihm, dem absoluten Herrscher über den Staat Dänemark. Bei seiner Vorliebe für die mächtigen orientalischen Despoten wie dem Sultan Orosmane aus dem Theaterstück »Zaire« muss er diese Vorstellung sehr genossen haben.

Dies Ereignis wurde zusammen mit den Geburtstagen des Königs und des Kronprinzen Ende Januar 1771 mit einem drei Tage dauernden Fest gewürdigt. Die Königin verteilte zur Feier des Tages die ersten Orden des neu geschaffenen Mathilde-Ordens. Zu den Ausgezeichneten gehörten neben Christian VII. auch Struensee und Brandt. Auch ins ferne Celle zu Frau von Plessen ging ein Orden.

Das Volk jubelte und feierte das, was als »neue Thronbesteigung« des Königs deklariert wurde. Das Volk jubelte immer und verstünde gar nichts, kommentierte Reverdil etwas verbittert die Reaktion der Menge. »Wendet euch an Struensee!«, sprach nämlich Christian immer häufiger in den nächsten Wochen und Monaten und für Insider war klar, wer die Macht im Staat übernommen hatte. Noch schrieb und unterschrieb der König jede Reform, jedes Dekret eigenhändig, aber neben ihm stand Struensee als sein »Souffleur«, als mächtiger Minister, der, hinter dem Vorhang versteckt, seinen König wie einen Automaten agieren ließ.

Struensees Revolution von oben

»Es herrsche überhaupt eine Anarchie, da niemand seine Autorität gebrauchen wolle noch dürfe, aus Furcht, sich zu schaden.« So weit das Fazit Struensees über die Zustände im dänischen Staat.[16]

Diese Furcht besaß er nicht, vertrauend darauf, dass ihm niemand etwas Böses unterstellen würde, da er ja nur das Gute bezweckte.
Eine wahre Flut an Reformen überschwemmte in den nächsten anderthalb Jahren das Land. Über 1800 Kabinettsordern in 16 Monaten stellten das gesamte politische, wirtschaftliche und gesellschaftliche Leben auf den Kopf. »Sich selbst betrachtete er als diejenige Person, die Dänemarks und Norwegens Glückseligkeit und des Königs Wohl zu befördern hätte; aber alles musste verändert werden, und es galt gleich viel, ob die Veränderung nützlich war oder nicht, genug wenn sie geschähe«, lautete später die Anklage.
Selbst Reverdil, der die Vorgänge in Dänemark kompetent und meist sehr neutral kommentierte, merkte an, dass der gute Wille Struensees lobenswert sei und die Zustände der Finanzen und der Verwaltung wirklich katastrophal seien. Aber dass es der größte Irrtum sei, zu glauben, man könne ein Volk allein durch Verordnungen reformieren, vor allem wenn dahinter eine falsche Autorität stünde.
Struensee behauptete später, er habe die Grundideen im Kopf des Königs bereits angelegt gefunden. Der König sei mit ihm einer Meinung gewesen, was den schlechten Zustand des Landes anbeträfe. Reverdil bestätigt, dass er oft darüber und über mögliche Reformen mit Christian geredet habe. Als Lüge und Betrug bezeichnete er aber die Aussage Struensees, Christian hätte die Dekrete und Reformen selbst aus dem Kopf formuliert und zu Papier gebracht. Man habe

Christian schon damals alles Wort für Wort diktieren müssen. Er brauchte für alles eine Anleitung. Struensee war Arzt, hatte keine Ahnung vom politischen Geschäft, aber große Pläne, innerhalb kürzester Zeit ein Land zu reformieren. Um die Katastrophe, die am Ende auch Caroline Mathilde mit in den Abgrund zog, zu verstehen, muss man sich ein wenig näher mit den Reformen beschäftigen.

Der Zustand des Landes, oder wie Reverdil sagte, die Krankheit, lag offen zutage, aber die Medizin, die Struensee anwandte, stieß bei den meisten auf Ablehnung und Empörung. Man muss nicht so weit gehen wie der Ankläger, der selber zugab, ein wenig polemisch zu sein, als er schloss, dass die Zahl der Gestorbenen unter seinen Patienten in Altona wohl größer gewesen sein müsse als die der Geborenen, wenn Struensee ein ebenso guter Arzt der Menschen wie des Staates gewesen sei, ein Arzt, bei dem die Medizin schlimmer gewesen sei als die Krankheit, die er bekämpfte.

Struensee selber fasste seine Arbeit als Politiker tatsächlich analog seiner Arzttätigkeit auf, so wie Holberg, der dänische Dichter der Aufklärung, dessen Werke auch in Struensees Bücherschrank standen, es empfohlen hatte. Aber auch hier hatte er nicht zu Ende gelesen, denn Holberg warnt eindringlich davor, eine Medizin anzuwenden, bevor man nicht die individuelle Krankengeschichte eines Patienten kenne. Was bei dem einen zur Heilung diene, sei bei einem anderen nutzlos oder schade sogar. Man müsse genauestens die Geschichte, die Sprache, die Gewohnheiten des Landes studieren, bevor man eine Änderung durchführte. Und auch Änderungen müssten immer auf ihre Wirkung hin überprüft werden.

Nicht nur im Prozess wird ihm vorgeworfen, dass er weder Dänisch gelernt, noch sich in irgendeiner Weise um Geschichte oder Kultur des Landes gekümmert hatte. Caroline konnte sich längst auf Dänisch unterhalten, dies war ihr als Zeichen der Achtung vor dem Volk, dessen Königin sie war, selbstverständlich und sehr wichtig. Struensee aber machte Politik nach einigen philosophischen Prinzipien ohne Rücksicht auf die Wirkung, die das in diesem speziellen Fall in Dänemark hatte.

Als Erstes verkündete er die absolute Pressefreiheit, was ihm, d. h. Christian – denn in dessen Namen geschahen ja noch die Verordnungen –, viel Lob aus dem Ausland einbrachte.
In Dänemark selber erwies sich das neue Gesetz eher als Eigentor, denn statt die alte Regierung anzugreifen, kritisierten die Schreiber den neuen Reformer. Während vorher alles durch die Zensur gehen musste und man sich gut überlegte, was und wie man es schrieb, damit der Text überhaupt gedruckt werden konnte, durfte man jetzt sogar anonym alles schreiben ohne Rücksicht auf politische und moralische Grenzen. Das bekamen Struensee und auch Caroline selber böse zu spüren, als ein halbes Jahr später die ersten Pamphlete über ihre Beziehung in Umlauf gebracht wurden.
Um die Finanzen zu sanieren nahm Struensee Einsparungen vor, zum Beispiel durch die Entlassung von in seinen Augen überflüssigen Beamten, und davon gab es in Dänemarks aufgeblähter Verwaltung eine ganze Menge. Dann ließ er die Zahl der Gardisten reduzieren und stoppte alle weiteren Baumaßnahmen an der so genannten Marmorkirche, an der man seit 10 Jahren ohne absehbares Ende baute. Diese Maßnahmen brachten ihm den Zorn der entlassenen Arbeiter, Beamten und Soldaten und die Abneigung des Klerus ein, der schon vorher gegen ihn als gottlosen Freidenker gewettert hatte.
Aber auch die übrige Bevölkerung zeigte sich zunehmend erbost über die Einsparungen, die die Menschen verunsicherten, weil jeder anfing um seinen Arbeitsplatz zu fürchten. Parallel dazu beobachtete man nämlich die Belustigungen am Hof, wo Brandt aus dem Vollen schöpfte und für Maskenbälle, Jagden, Ausflüge aufs Land, Theater- und Opernvorführungen mehr Geld als je zuvor ausgab. Der König wollte unterhalten sein, die Langeweile war eines der Hauptprobleme bei Hofe. Es wäre preiswerter gewesen, den König weiter durch die Rotlichtviertel Kopenhagens zu schicken, aber genau das sollte ja vermieden werden. Das konnte man den Menschen aber so nicht erklären und so sahen sie nur die Diskrepanz zwischen grenzenlosem Luxus bei Hofe und der Armut bei immer mehr Familien, die durch Entlassungen vor dem Ruin standen.

Und Struensee sparte weiter. Da das zunehmend bürgerliche Hofleben immer weniger Pagen benötigte, nahm man nur noch die Besten eines Jahrgangs. Die anderen wurden auf Militärschulen oder anderweitig untergebracht. Eine Stellung bei Hofe oder in der Verwaltung bekam man auch nicht mehr durch die Empfehlung eines guten Freundes, sondern nur noch, wenn man durch Zeugnisse nachweisen konnte, dass man für den Posten die nötige Qualifikation besaß. Selbst die schon angestellten Höflinge mussten diesen Nachweis nachträglich bringen. Sonst durften sie ihren Hut nehmen.

Struensee, der als Bürgerlicher überhaupt kein Verständnis für die Titelsucht der Dänen hatte, beschloss in diesem Punkt gründlich aufzuräumen und konnte sich der vollen Zustimmung des Königspaares sicher sein. Gerade Christian verbat sich höfisches Zeremoniell und wies seine Bediensteten an, ihn ganz normal zu behandeln.

Der Rang bestimmte bisher nicht nur das Leben bei Hofe. Wenn man sich, ganz gleich wo, begegnete, ging man gemäß seinem Rang durch die Tür vor bzw. hinter einem Bischof oder vor bzw. hinter einem Colonel, je nach eigenem Rang. Die Tischordnung funktionierte nach dem gleichen Prinzip. Man nannte sich nicht nur beim Namen, das wäre eine beispiellose Taktlosigkeit gewesen. Man hieß z. B. »Herr Generalkommissar der Vorräte und der Kriegsmunition«. Das war sein »Charakter«, wobei derjenige keinesfalls die tatsächliche Funktion eines Versorgers der Armee hatte, er besaß eine Munitionsfabrik und die Kriegskommissare verhandelten mit ihm.

Reverdil als Schweizer mokierte sich über diese Titelsucht und schrieb, »dass, selbst wenn du mal in der Gesellschaft einen gebildeten und verdienten Menschen triffst, der am Ende eines Tisches sitzt, was bedeutet, dass er keinen Charakter hat, und du fragst, wer das ist, so wird man dir antworten: ›Er ist ein Nichts!‹«

Es gab in Dänemark neun Klassen mit insgesamt 101 Unterklassen. Ab der fünften war man bei Hofe zugelassen, ab der zweiten speiste man mit dem König. Alles in der Politik, der Wirtschaft und beim Militär geschah in der Hoffnung auf eine höhere Rangzuweisung. Diese allgemeine Leidenschaft für Ränge führte folglich zu einer po-

Prinzessin Louise Augusta

litischen Korruption, deren Ausmaß man gesehen haben muss, um es zu glauben, meinte Reverdil.

Also erließ Struensee eine Verordnung, dass die Rangzuweisungen nur noch vom tatsächlichen Verdienst abhängen sollten. Hofeinladungen ergingen auch nicht mehr als allgemeine Einladungen an

alle Angehörigen der entsprechenden Ränge, sondern gutbürgerlich lud das Königspaar nur noch die ein, die es wirklich sehen wollte.
Das war ein Schock, der sich in Wellen durch alle europäischen Höfe fortsetzte. Die ausländischen Gesandten und auch der schwedische Kronprinz, der 1771 Kopenhagen besuchte, mokierten sich: Der dänische Hof sei ein bürgerliches Haus, in dem die gesellschaftlichen Kreise eines Struensees verkehrten.
Die Reformen folgten jetzt Schlag auf Schlag. In den Verwaltungen des Reiches gerieten die Beamten unter größten Stress. Sie hatten kaum Zeit, eine Verordnung zu lesen, bevor schon die nächste eintraf. Eine Landreform mit dem Ziel der Bauernbefreiung, eine Justiz, Verwaltungs- und Schulreform, eine Reform des Krankenhauswesens, die Einrichtung eines Findelhauses und einer Impfstation außerhalb der Stadt, mehr Toleranz zwischen Katholiken und Reformierten und Ähnliches mehr.
Die größte Aufregung aber verursachten die Reformen, mit denen Struensee das Volk aufheitern wollte mit dem Ziel, es zu reformieren; denn dadurch »brachte er die nationalen Sitten durcheinander«.
Bislang waren die Vergnügungen des Volkes streng reglementiert. Konzerte, Tanz und Schauspiele waren erlaubt, aber nächtliche Bälle verboten. Samstags und sonntags, in der Fasten- und Adventszeit bestand absolutes öffentliches Amüsierverbot.
Struensee ging nach der Maxime vor, dass die Freiheit des Einzelnen nicht eingeschränkt werden dürfe, solange sie die Rechte des anderen nicht verletze, eine höchst demokratische Regel, die aber bei den Mächtigen Dänemarks für Aufregung sorgte.
Dann schaffte er einige der vielen Feiertage ab, zum Beispiel den dritten Weihnachts-, Oster- und Pfingsttag, um der Bevölkerung weitere Tage zum Geldverdienen zu verschaffen. Eine Reform im Sinne der sozial schlecht gestellten Menschen. Der Klerus aber sah das als weiteres Beispiel für das gottlose Verhalten Struensees.
Danach erlaubte er Musik auf öffentlichen Plätzen an allen Feier- und Sonntagen. Am Samstag gab es Theatervorführungen bei Hofe, sonntags in der Stadt. Die Polizei durfte keine willkürlichen Haus-

durchsuchungen mehr machen. Die Gärten, zum Beispiel rund um Schloss Rosenburg, wurden für das Volk geöffnet. Bislang durfte nicht einmal der Wall um die königlichen Gärten bestiegen werden; als Strafe drohte die Abtrennung eines Daumengliedes. Jetzt waren die Hauptalleen hell erleuchtet und das Volk durfte sich ungestraft bis in die Nacht hinein dort amüsieren, was für die guten Sitten wegen der vielen Büsche im Park nicht förderlich war, wie Reverdil bemerkt.

Besonders viel Aufregung gab es beim Klerus, der in Struensee den Teufel schlechthin zu sehen begann. So wurden die Kirchenstrafen für uneheliche Mütter abgeschafft, was wegen der hohen Zahl an Kindestötungen von vielen Menschen begrüßt wurde. Das Verbot einer Heirat zwischen Cousin und Cousine war schon etwas pikanter, da der amtierende König, in dessen Namen sie jetzt verboten wurde, genau so eine Ehe führte.

Viele dieser Reformen und Verordnungen waren sinnvoll, andere wenig durchdacht und in Unkenntnis der Verhältnisse erlassen worden. Bei einigen wiederum war der Zeitpunkt schlecht gewählt. Zwei Gesetze schienen in direktem Zusammenhang mit der Beziehung zwischen Caroline und Struensee zu stehen: So durfte bei einem Ehebruch nur der geschädigte Ehepartner einen Prozess anstrengen, kein anderer. Und es wurde erlaubt, dass der Liebhaber nach der Scheidung seine Geliebte heiraten durfte.

Man kann den Verdacht der Menschen schon verstehen, dass sie glaubten, Struensee habe diese Gesetze vor allem für sich und Caroline Mathilde gemacht. Die Königin war schwanger und es war ein offenes Geheimnis, dass der König nicht der Vater war.

Stand eine königliche Scheidung bevor? Oder plante man gar ein Attentat auf den König? Hinzu kamen Berichte über die mehr als bizarre Erziehung des Kronprinzen. Es hieß allgemein, dass der das unmöglich überleben würde.

Und mitten in diese wilden Spekulationen hinein wurde am 1. Juli 1771 auf Schloss Hirschholm Louise Augusta geboren, die von Geburt an den Spitznamen »Prinzessin Struensee« trug.

»Die Königin hatte nicht die geringste Neigung zur Regierung oder sich in Staatsaffären zu mischen. Sie wollte blos Ruhe und Sicherheit bey Hofe haben.« Ähnlich wie Struensee schätzten auch andere so das politische Engagement Caroline Mathildes ein. Sie liebte die Politik nicht und war sicher nicht am Verfassen von Gesetzestexten oder am Führen von Verhandlungen mit fremden Mächten interessiert.

Aber was ist »Politik« eigentlich? Folgt man Hume, so befasst sie sich in erster Linie mit den Menschen und ihren sozialen Bindungen.

So gesehen war Caroline Mathildes Ziel, Ruhe und Sicherheit zu gewinnen, an einem Hof, an dem es von Intriganten nur so wimmelte, hochpolitisch; denn um dies zu erreichen, konnte man nicht passiv herumsitzen. Das hatte sie in der ersten Zeit in Kopenhagen gemacht und am Ende alle Menschen verloren, denen sie vertraute. Man hatte damals Gerüchte ausgestreut, die ihren Ruf als vergnügungssüchtige Frau begründeten. Sie lernte durch böse Erfahrungen, dass nur Mitmischen, selber intrigant werden, die ersehnte Sicherheit brachte.

Ihre Motive mögen wohl weniger politisch gewesen sein, die Erschütterungen, die sie auslöste, waren es mit Sicherheit. Ihr persönlicher Hass gegen den Grafen Holck zum Beispiel führte zu einer bösen Krise im russisch-dänischen Verhältnis.

Ihr Einfluss auf den König wuchs, je mehr seine Krankheit durchbrach und sich ein freundschaftliches Verhältnis zwischen ihnen aufbaute. Damit waren sie und ihr Sicherheitsbedürfnis ein unberechenbarer Machtfaktor für den Hof geworden.

Die Geburt ihrer Tochter störte das gute Verhältnis zu Christian in keiner Weise. Die Prinzessin galt offiziell als seine Tochter und er stellte das auch nie in Frage, selbst nach der Scheidung nicht. So war der Monat Juli des Jahres 1771 für Caroline Mathilde und Struensee ein Höhepunkt in jeder Beziehung.

Auf Schloss Hirschholm erlebten sie Wochen in familiärer Atmosphäre, so wie Caroline Mathilde es sich immer gewünscht hatte. Das Hauptschloss vorne mit den Prunkräumen war geschlossen.

Man lebte im hinteren Bereich. Im südlichen Trakt an die Zimmer der Königin hatte man einen Laubengang angebaut, wo der Kronprinz mit Gießkanne und Schaufel seinen kleinen Garten bestellen konnte. Ein idyllischer Sommer in der Natur.

Auch politisch war Struensee auf dem Höhepunkt der Macht. Am 18. Juli unterschrieb der König ein Dekret, dass alle Anordnungen, die Struensee unterschrieb, genauso viel galten wie die mit des Königs eigenhändiger Unterschrift. Einmal in der Woche sollte Struensee dem König eine Übersicht der herausgegangenen Verordnungen vorlegen. Nun war auch dem Letzten klar, wer die Macht besaß. Struensee hatte damit mehr Einfluss als jemals ein Politiker in Dänemark vor ihm. Der Minister war hinter seinem Vorhang hervorgekommen.

Am 22. Juli wurde er zum Grafen ernannt. Er, der bisher Titel und Beförderungen ablehnte, legte sich ein opulentes Wappen zu. Ähnlich wie bei seinen Reformen versuchte er dabei auf einer kleinen Fläche alles unterzubringen, was ihm wichtig war und ihn ausmachte.

Und Caroline Mathilde schaute wie viele Frauen durch die Augen des Geliebten und sah in ihm den Retter der Nation. Dabei übersah sie die ersten Vorboten des Unheils. Oder stammte die Glasscherbe mit der Inschrift »keep me innocent, make others great« aus dieser Zeit?

Fakt ist, dass Struensee mit dem Dekret vom 18. Juli die Toleranzgrenze bei den Dänen überschritten hatte. Die »lex regia« besagte, dass die Könige niemals ihre souveräne Macht abgeben dürften. Wer sich die aneigne, begehe Majestätsbeleidigung und müsse mit dem Tode bestraft werden. Es war ein Bruch der Verfassung.

War es nur Unkenntnis? Oder schwebte er bereits so weit über den Gesetzen, dass er sich für unangreifbar hielt? Solange sein Einfluss auf den König und auf Caroline Mathilde bestand, brauchte er nichts zu befürchten. Aber auch Carolines Position war beschädigt. Viele Menschen standen längst nicht mehr hinter ihr. Zu oft hatte sie die Etikette missachtet, war in Männerkleidern umhergezogen

und hatte ganz offensichtlich ihren Mann betrogen. Das kollektive Gedächtnis eines Volkes ist oft kurz und so war das abartige Verhalten des Königs in Kopenhagens Straßen vergessen. Was blieb, war Mitleid mit dem armen Betrogenen und Sorge, ob die Königin und ihr Minister ihm nicht doch nach dem Leben trachten wollten. Die letzten Gesetze über den Ehebruch waren noch in guter Erinnerung. Auch dass der König sich nur sehr selten in der Öffentlichkeit zeigte, wurde entsprechend interpretiert. Wie krank er war und dass er kaum mehr in der Lage war, öffentliche Auftritte wahrzunehmen, wusste ja keiner. Das Volk, das sonst immerzu nur gejubelt hatte, fing an zu murren.
Sicherheit und Ruhe sollte Caroline Mathilde in Dänemark nicht mehr finden.

Unruhe und Furcht durch neue Gesetze und Flugblätter

»... Mein wohlgebauter Leib, der netten Glieder Pracht sey für die Schönste schön, sei mir zur Lust gemacht. In ihren Armen soll Wollust mich entzücken! Weit über meinen Stand soll ihre Gunst mich rücken ...«[17]

So lautete der Text auf einem der zahllosen Pamphlete, die Kopenhagen im Sommer und Herbst 1771 überschwemmten. Auf dem dazugehörigen Bild sieht man Struensee am Arm einer Dame, Caroline Mathilde, vor der er den Hut zieht. Im Hintergrund ebenfalls Struensee, diesmal gefangen und an einen Pfahl gekettet.

Dies ist eines der wenigen Flugblätter, auf denen beide zusammen zu sehen sind. Trotz Pressefreiheit wollten sich wohl nur wenige der Gefahr aussetzen, die eine Beleidigung der Königin und damit des Königs mit sich bringen konnte.

Zwei Dinge waren es, die man Struensee übel nahm. Einmal sein Verhältnis mit der Königin, einer immerhin mit dem Landesvater verheirateten Frau, und die Zeugung einer gemeinsamen Tochter, wobei er vor der Geburt schnell noch die Strafgesetze wegen Ehebruchs geändert hatte.

Der andere Punkt war die bürgerliche Herkunft Struensees, an der auch sein Grafentitel nichts änderte. Einen Prinzen oder einen aus altem Adel stammenden Geliebten hätte man der Königin wahrscheinlich verziehen. Der Vorschlag an den König, ihn zum Grafen zu machen, kam von Caroline, vielleicht in Erinnerung an einen Theaterabend in Hamburg im Sommer 1770.

Sie hatte zusammen mit Struensee und Christian Lessings »Minna von Barnhelm« besucht. Struensee, der Lessing von seiner Zeit in Altona kannte und sehr schätzte, hatte das arrangiert. Ob er die Standesunterschiede zwischen ihnen problematisieren wollte?
Tellheim, die männliche Hauptfigur des Stückes, hat seiner eigenen Meinung nach sein Vermögen und seine Ehre verloren und steht so als »verabschiedeter, in seiner Ehre gekränkter Offizier, ein Krüppel, ein Bettler« da. Er wird von Lessing mit seinen Lebensweisheiten vorgeführt, dass Gleichheit das »festeste Band der Liebe« und dass es eine »nichtswürdige Liebe sei, die nicht berücksichtige, dass die Frau wegen des Standesunterschiedes ihres Geliebten von der Gesellschaft verachtet werde«. Am Ende siegt die Liebe allerdings ohne Rücksicht auf Herkunft und Ansehen.
Aber Lessings und Struensees Auffassung von der Bedeutungslosigkeit der Standesunterschiede unterschied sich gänzlich von der der meisten Bürger insbesondere in Dänemark, wo Titelsucht und Standesdünkel absurde Formen angenommen hatten. So war der Versuch Caroline Mathildes, ihren Geliebten durch den Grafentitel ein wenig gleichberechtigter zu machen, ein rührender, wenn auch vergeblicher Versuch.
Reverdil, den man im Sommer 1771 nach Kopenhagen zurückholte, um der »Wächter eines Verrückten« zu werden, war entsetzt, als er auf den verschiedenen Stationen seiner Rückreise den Hass mitbekam, den allein die Nennung der Namen Struensee und Brandt auslöste. »Der König und sein Land liegen in Ketten, die nur der Allmächtige lösen kann«, beschrieb Minister Bernstorff die Situation. »Alle sind verzweifelt, alle leiden, alle gehorchen einem einzigen Mann«, der die Religion mit Füßen tritt, keine Berechtigung zu herrschen und vor sechs Monaten keine Ahnung von dem Geschäft besessen hat, das er jetzt als Chef zu leiten versucht.
Die Bernstorffs waren sich in ihrer Einschätzung einig, dass Struensees Feinde ihm keinen besseren Rat hätten geben können, als dass er die faktische Entmachtung des Königs ausgerechnet parallel zur Geburt der »Prinzessin Struensee« bekannt gab. Dies war ihrer Mei-

Flugblatt »Sey genügsam, Struensee«, um 1772

nung nach der erste Schritt zu seinem Sturz. Höhepunkt und gleichzeitig Wendepunkt in Richtung Absturz.

Auch der ehemalige Minister Moltke schrieb aus Kopenhagen, dass die Machtfülle, die der König Struensee gegeben hatte, alle maßlos empörte. Bis September 1771 standen die meisten wohl noch zu sehr unter Schock, so dass sich der Unmut mehr in Briefen und in einem unerschütterlichen Gottvertrauen zeigte. Alle Gegner Struensees und Carolines sahen in Gott ihren großen Verbündeten, der sein leidendes Volk nicht im Stich lassen würde.

Auf Flugblättern wurde Struensee mit dem Teufel auf der Schulter dargestellt. Gerade die Edikte, die die Abschaffung der Feiertage und die unehelichen Kinder betrafen, wurden ihm als Teufelseinflüsterungen ausgelegt.

Das Bild des »moralischen Sumpfes«, der »fauligen Höhle«, das der

Hof vielen Zeitgenossen bot, wurde optisch durch Caroline Mathildes öffentliche Ausritte in Männerkleidung untermalt. Die Hose als Symbol männlicher Macht ließ die Gerüchte, sie wolle mit ihrem Liebhaber zusammen den König beiseite schaffen und selber als Regentin die Macht übernehmen, in den Augen der Menschen sehr wahrscheinlich werden.

Struensee als Steigbügelhalter des Teufels, der den armen König, den Stellvertreter Gottes auf Erden, beiseite schaffen wollte! Warum sonst sah man Christian VII. nur noch selten bei öffentlichen Anlässen?

Hinzu kamen wirtschaftliche Probleme im Land: Missernten, die Getreideknappheit, Teuerungen, Hunger und Arbeitslosigkeit mit sich brachten. Es spielte für die Menschen keine Rolle, dass es diese Probleme im Herbst und Winter 1771 in ganz Europa gab. Sie interpretierten sie als weitere Zeichen für die Unfähigkeit des mächtigen Ministers. In den Kirchen nutzten die Prediger, allen voran Münter, die gute Gelegenheit und erzählten den aufmerksam lauschenden Gläubigen, dies alles sei das erste Anzeichen einer Strafe Gottes für den gottlosen Minister und seine Umgebung.

Das Denken und Handeln der dänischen Gesellschaft wurde stark von der Kirche und dem in ihr vorherrschenden Pietismus geprägt. Dominante Persönlichkeiten wie die Prediger Cramer und Münter hatten einen von Struensee und Caroline stark unterschätzten Einfluss. In den Kirchen wurde zum Beispiel das traditionelle Tedeum, das aus Anlass der Geburt eines Königskindes immer am Sonntag danach gesungen wurde, von den meisten Kirchgängern boykottiert. In der Kirche zu Holm nahe des Schlosses Hirschholm, wo die kleine Prinzessin geboren worden war, musste der Chor ganz alleine singen.

Die meisten Zeitgenossen waren sich auch einig, dass ein Grund für die spätere Entmachtung im Wesen Struensees lag, der sich weigerte, irgendeinen Ratschlag auch von ihm nahe stehenden Personen anzunehmen. Er galt als herrisch, fasste er einen Beschluss, war er von diesem besessen und kein Ratschlag konnte ihn davon abbringen.

Dabei wäre der Rat anderer für ihn sehr wichtig gewesen, denn vom politischen Geschäft verstand er nun mal wirklich nicht viel. Er lebte erst seit zwei Jahren in Kopenhagen, kannte weder die Sprache noch die meisten Gewohnheiten des Volkes und des Hofes. Internationale Beziehungen mit ihrer komplizierten Diplomatie waren ihm fremd. Nicht umsonst zieht sich durch die Briefe des alten Ministers Bernstorff wie ein roter Faden das Entsetzen über einen Mann, der schon nach kurzer Zeit sein außenpolitisches Lebenswerk mit dem Ziel, Dänemarks Grenzen im Frieden zu sichern, schwer beschädigt hatte.

Struensee hatte viele gute Ideen und den Willen, sie durchzusetzen. Die Zustände in Dänemark spielten ihm die realen Möglichkeiten dazu in die Hand. Aber es fehlte ihm die Einsicht, dass man auf politische und gesellschaftliche Gegebenheiten Rücksicht nehmen musste um erfolgreich zu sein. So vergraulte er sich die Bürger, die Adligen, den Klerus und zum Schluss auch noch das Militär.

Er bestand auf der deutschen Sprache als alleiniger Amtssprache, schaute sich Eingaben auf Dänisch gar nicht mehr an und veranlasste so diejenigen, die bisher noch auf seiner Seite waren, ins Lager der Nationalisten abzuwandern, die sich seit 1740 zunehmend gegen die »Verdeutschung« des Landes wehrten, aber erst jetzt richtig Zulauf bekamen.

Ließen sich auch gut gemeinte Ratschläge, zornige Predigten und spöttische Pamphlete verdrängen, mit den Aufständen der Matrosen und Hafenarbeiter im September 1771 wurden aus Worten ganz konkrete Bedrohungen.

Die Marine war der ganze Stolz der Dänen und sollte im Zuge der Ausweitung des dänischen Außenhandels, den unter Minister Bernstorff intensivierten Beziehungen zu den Kolonien in Ost- und Westindien ausgebaut werden. Der Bau weiterer Schiffe verzögerte sich und die bereits aus Norwegen, das damals zum dänischen Reich gehörte, angereisten Matrosen lungerten ohne Geld in Kopenhagen herum. Schließlich zogen sie nach Hirschholm, wo sich der Hof immer noch aufhielt, um vom König ihren Lohn zu fordern. Sie waren ohne Waffen, trotzdem war es die erste echte Bedrohung von Seiten des Volkes und der Hof reagierte entsprechend panisch mit der Drohung, die Dragoner gegen sie zu schicken. Es gelang, sie zum friedlichen Abzug zu bewegen, nachdem man ihnen die Zahlung ihres Lohnes im Namen des Königs versprochen hatte.

Als sie abzogen, ließen sie Furcht und Unsicherheit zurück. Nicht nur Caroline Mathilde bereitete ihre Flucht vor. Sie befahl die Pferde vorzubereiten, legte ihr Reitkostüm und ihren Schmuck griffbereit und ließ einen Colonel ihres Vertrauens im Schloss schlafen. Die Garden patrouillierten die ganze Nacht rund um das Schloss, ohne dass sich ein verdächtiger Angreifer näherte.

Zur gleichen Zeit gärte es unter den Hafenarbeitern, von denen viele entlassen worden waren, die anderen aber, um die Schiffe rechtzeitig fertig zu stellen, sogar sonn- und feiertags arbeiten mussten. Ein weiterer Aufstand kündigte sich an, den Struensee nach bewährter Manier der römischen Kaiser mit »panem et circenses«, Brot und Spielen, begegnen wollte.

Für den 28. September ließ er in der Nähe des Schlosses Frederiksborg ein Fest für das Volk, aber besonders für die Matrosen und Hafenarbeiter ausrichten. Ein Ochse sollte gebraten, Wein und Freibier ausgeschenkt werden, und das alles in Anwesenheit des Königspaares und aller wichtigen Hofangehörigen. Seit längerer Zeit sollte sich der König wieder seinem Volk zeigen als Gegenbeweis für die Gerüchte, Struensee und Caroline Mathilde würden ihn mit Medikamenten zu Tode quälen.

So weit der Plan, der durch ein anderes Gerücht aber nur teilweise zur Ausführung kam. Eine Kammerfrau wollte erfahren haben, dass man Struensee auf diesem Fest töten wollte. Statt Präsenz zu zeigen rüstete der Hof wieder zur Flucht. Die Pferde wurden bereitgehalten, Caroline Mathilde packte ihren Schmuck ein. Schweden war das Ziel.

Am Ende blieb es bei den Vorbereitungen und einer ständig wachsenden Furcht, die Nerven lagen bei allen blank, zumal jedem klar war, dass in einer solchen Situation Furcht immer als Schwäche ausgelegt wird und den Gegner nur stärkt.

In der Tat löste das Fortbleiben des Königs von dem festlichen Treiben große Empörung aus, die sich wieder einmal gegen Struensee richtete.
Bis jetzt habe man geglaubt, der König würde betrogen und hintergangen von dem mächtigen Minister und der Königin, und darum gehorche das Volk noch, schrieb Andreas von Bernstorff an diesem denkwürdigen Septembertag. In dem Moment aber, wo das Volk erfahren würde, dass der König mit den Machthabern einverstanden war, weil er schwachsinnig sei, würde es eine Revolution geben. Denn niemand würde leiden wollen unter einem 20-jährigen Kind, das seine Macht freiwillig mit einem solchen Mann teilte.
Eine Revolution lag also in der Luft und wurde nur durch die Person des Königs verhindert, der unantastbar war, weil das Volk die Wahrheit nicht kannte.

Aufruhr und Widerstand

»Ich bin confus!«, sprach Christian auf einem Spaziergang zu Reverdil, zu dem er sein altes Vertrauensverhältnis wieder aufgebaut hatte, und ergänzte: *»Es rappelt bei mir im Kopf!«*[18]

Das war also der Mann, der den Zorn des Volkes von Caroline Mathilde und Struensee abhielt und für ihre Sicherheit sorgte, solange sie ihn unter Kontrolle hatten.

Wohl selten haben sich Schwäche und Macht so sehr in der Person eines Monarchen vereinigt. Seine Geisteskrankheit wurde immer deutlicher. Er verwechselte Reverdil mit Personen aus Voltaires Zaire. Seine Stimmungen schwankten extrem und häufig spielte er mit dem Gedanken, sich auf die unterschiedlichste Art umzubringen. Oft saß er stundenlang alleine in seinem Zimmer oder spielte mit seinen Pagen. Eine seiner Lieblingsbeschäftigungen war es, seine Kammerdiener zum Duell herauszufordern, was für diese in doppelter Hinsicht gefährlich war. Einmal nahm der König keine Rücksicht und andererseits, wenn sie im Eifer des Gefechtes den König verletzten, so konnte das als Majestätsbeleidigung aufgefasst und mit dem Tode bestraft werden. So erging es Enevold Brandt, der vom König herausgefordert wurde. Genervt von vielen kleinen Schikanen in den vergangenen Monaten nutzte Brandt die Situation und prügelte Christian VII. durch, offensichtlich mit dem heimlichen Einverständnis Struensees und Caroline Mathildes. Als Christian ihm während des Kampfes den Daumen in den Mund steckte, biss er zu.

Das war eine Majestätsbeleidigung, die ihm ein halbes Jahr später den Tod bringen sollte, wobei es wohl nicht Christian war, der sich

beleidigt fühlte. Es war für Brandts Feinde ein willkommener Anlass, den Freund Struensees gleich mit zu beseitigen.
Und die geistige Verwirrung Christians nahm immer mehr zu. Wenn Reverdil mit ihm Schach spielte oder ihm vorlas, war er kaum mehr in der Lage, sich zu konzentrieren. Er lebte in einer Traumwelt. Die Ereignisse um sich herum nahm er ohne wirkliche Anteilnahme wahr.
Manchmal überraschte er Reverdil allerdings mit Fragen, die zeigten, dass sein Geist noch kombinieren konnte. So wollte er eines Tages wissen, ob Reverdil glaubte, dass der König von Preußen mit der Königin Mathilde schlafe. Auf Nachfrage Reverdils meinte er, dass Struensee der König von Preußen wäre. Er wusste also von dem Verhältnis, aber Reverdil betont, dass er diese Frage ohne jede Leidenschaft stellte und ohne dass die Antwort eine wirkliche Bedeutung für ihn hatte.
In dieser Zeit übernahm Caroline Mathilde die meisten der Repräsentationsaufgaben, oft am Arm Struensees, damit niemand den wirklichen Zustand des Königs, der kaum mehr präsentierbar war, erkennen konnte. Dass dies die Gerüchte, man würde den König gefangen halten, nur verstärkte, war eine gefährliche, aber wohl unvermeidliche Nebenwirkung.
Sodann verstärkte Struensee die Sicherheitsvorkehrungen rund um das Schloss. Zwei schwer bewaffnete Grenadiere bewachten den Eingang. Die Anzahl der Kanonen wurde erhöht, die Rohre auf die Straßen Richtung Stadt ausgerichtet, was die Bürger als massive Bedrohung empfanden. Die bisherigen Wachen wurden durch deutschstämmige Soldaten ersetzt und mit zusätzlicher Munition versehen.
Struensee verglich in diesen Wochen seine Situation sehr häufig mit der Concino Concinis, eines florentinischen Abenteurers, der Anfang des 17. Jahrhunderts der Liebhaber Maria von Medicis, der Königin von Frankreich, war. Nach dem Tod von Marias Ehemann Heinrich IV. wurde er Minister und zog sich durch seine Maßnahmen den Zorn der Adligen und Bürger zu. 1617 ließ Ludwig XIII. ihn ermorden.

Auf jeden Fall fühlte sich Struensee nicht mehr sicher und so drehten sich die abendlichen Gespräche bei Hofe jetzt häufiger um Fluchtpläne. Struensee wollte sich einen Hof auf dem Lande kaufen und Philosoph werden, Caroline Mathilde Sängerin, Brandt plante eine Karriere als Theaterdirektor. In einem Gespräch mit Reverdil redete Struensee ganz offen von diesen Fluchtplänen, wollte aber Caroline Mathilde nicht alleine zurücklassen.
Auch auf Seiten der Engländer machte man sich Sorgen und beauftragte den neuen Botschafter Keith, Struensee durch eine große Summe Geldes zur Flucht zu veranlassen. Er lehnte ab. Caroline Mathilde zuliebe oder war es eher so, wie sein bester Freund Brandt vermutete? In welchem Land der Erde würde er jemals wieder die Chance erhalten, erster Minister, Favorit des Königs und gleichzeitig Liebhaber der Königin zu sein?
Vielleicht wäre die Geschichte anders ausgegangen, wenn Struensee nicht trotz Angst und Fluchtgedanken munter weiter reformiert hätte und im Zuge seiner Sparmaßnahmen auch vor den königlichen Garden nicht Halt machte, mit dem Ergebnis, dass der Heilige Abend des Jahres 1771 weniger besinnlich als gewöhnlich verlief. Undiszipliniert, unrentabel und eigentlich ohne großen Nutzen waren die Garden nicht nur in seinen Augen, und so fing er an sie aufzulösen und die Soldaten nach Hause oder in andere Truppenteile zu schicken. Dabei übersah er, dass diese Garden in ihren bunten Uniformen der Stolz der Bürger waren, die ohnehin schon empfindlich auf jede Art Veränderung reagierten.
Am 24. Dezember wurde ihnen von den Offizieren die offizielle Order des Königs vorgelesen. Es handelte sich überwiegend um Norweger, die wegen ihrer besonderen Treue zum König bekannt waren. Sie konnten nicht glauben, dass man sie tatsächlich entlassen hatte, und zogen Richtung Schloss um den König umzustimmen.
Es war Heiligabend, ein fröhliches Fest stand an, Bier und Wein flossen reichlich. Viele Bürger schlossen sich spontan den Gardisten an. Am Ende zog eine zornige Menge durch die Straßen dem Schloss entgegen. Struensee gab den Befehl, bis Mitternacht, notfalls mit Gewalt, die

Schloss Hirschholm

Ordnung wiederherzustellen, was auch passierte, allerdings nicht durch Kanonen, sondern durch einen Offizier, der das Vertrauen der Soldaten besaß und sie mit dem Versprechen einer Gratifikation zurück in die Kasernen schickte.

Die eigentliche Gefahr aber kam nicht von außen, sondern aus dem Innersten des Hofes.

»Niemand ist mehr sicher an seinem Platz!«, schrieb Andreas Bernstorff und traf damit die Stimmung am Hofe. Spätestens seit den Aufständen im September setzte bei vielen ein hektisches Treiben ein bei dem Versuch, den eigenen Kopf zu retten. Erste Pläne zu einer Verschwörung gegen den mächtigen Minister und seine Freunde wurden geschmiedet.

Zwischen den Verschwörern und der Macht in Person des Königs stand Struensee, dessen Position so lange unangreifbar war, wie seine enge Beziehung zum Königspaar, insbesondere zur Königin andauerte. So wurden zunächst einmal intrigante Fäden gesponnen, was an diesem Hofe jeder gut beherrschte. Enevold Brandt, der aus persönlichem Neid und aus Angst um seine eigene Haut vom Förderer und Freund Struensees zu seinem, wenn auch nicht offenen Gegner geworden war, bekam schon im Sommer 1771 anonyme Briefe, in denen er aufgefordert wurde, zum Wohle des Staates mit den Verschwörern zusammenzuarbeiten. Ansonsten drohte man ihm mit einem tragischen Ende. Diese Briefe trug Brandt aus Furcht vor Entdeckung immer bei sich, selbst bei seiner Verhaftung im Januar 1772.

Brandt, der wusste, dass Struensee viel zu ehrgeizig war um freiwillig aufzugeben, und ihm wohl auch nichts wirklich Böses wollte, plante einen neuen Liebhaber für Caroline Mathilde zu besorgen, damit sie ihr Interesse an Struensee verlöre und der damit seine Machtposition. Bei Gesprächen mit Struensee hatte Brandt wohl den Endruck gewonnen, dass es von dessen Seite mehr ein Zweck- denn ein Liebesbündnis war, zumal Struensee nebenher weitere Liebschaften laufen hatte.

Die Folgerung, dass die Königin auch so dachte, erwies sich aber als Trugschluss. Obwohl Brandt schon einige Kandidaten ins Auge gefasst hatte, musste er seinen schönen Plan erfolglos aufgeben, weil Caroline Mathilde überhaupt kein Interesse zeigte. Sie hatte nach wie vor nur Augen für Struensee, ja zeigte nur noch, wenn sie mit ihm sprach, wirkliches Interesse, wie Reverdil leicht resigniert bemerkte, denn auch für ihn war eine friedliche Lösung nur denkbar, wenn Caroline sich von Struensee trennen würde. Schließlich sahen alle Beteiligten ein, dass sie das wohl niemals tun würde.

Außenminister von Osten, der um das Ansehen Dänemarks besorgt war, vor allem wegen des zunehmend schlechten Verhältnisses zu Russland, hatte eigene Pläne. Er wollte die graue Eminenz der dänischen Politik, den ehemaligen Minister Bernstorff, zurückholen und versuchte, Brandt und Reverdil dafür zu gewinnen.

Brandt sollte den König auf einem Spaziergang nach Rudersdahl, einem Hotel in der Nähe von Kopenhagen, bringen. Dort wollten von

Osten, der Kommandant der Leibgarde Numsen und andere warten. Der König sollte dann die Verhaftungsurkunden für Struensee, den man auf die Festung Kronenburg und von da aus nach Schweden bringen wollte, und für Caroline Mathilde, die in ihren Gemächern gefangen gehalten werden sollte, unterschreiben.

Brandt aber lehnte ab. Reverdil vermutete, dass er diesen Plan sogar Struensee verraten hatte. Wenn das der Fall war, verhielt sich Struensee mehr als leichtsinnig, denn er unternahm nichts, fühlte sich viel zu sicher im Schatten Caroline Mathildes.

Mehr Schaden als die Pläne von Ostens richteten andere an, weil sie skrupelloser vorgingen. Da war ein Graf Rantzau, der ehemalige Förderer Struensees, der sich nach seiner Rückkehr an den Hof mehr erhofft hatte und nicht von einem Minister abhängig sein wollte, den er als seine Schöpfung ansah. Er war nur an dritter Stelle in der Generalität gelandet und auch seine Schuldentilgung lief nicht so wie erhofft. Er wollte ein neues Gesetz, das Adlige vor ihren Gläubigern schützte. Struensee empfahl ihm stattdessen, weniger Schulden zu machen.

Enttäuscht und verärgert traf er in Kopenhagen auf einen alten Freund aus Russland: Beringschiold, ein Abenteurer und ehemaliger dänischer Spion, der von seinen Ländereien vertrieben worden war, weil er die Bauern dort wie Sklaven behandelte. Er war zornig über Struensee und beschwerte sich offen über dessen Despotismus, was gerade bei vielen Adligen, die unter den Sparmaßnahmen des Ministers gelitten hatten, auf offene Ohren stieß.

Rantzau und Beringschiold streuten Gerüchte über Umsturzpläne Struensees aus. Es war die Zeit, in der vermehrt Flugblätter und Plakate in den Straßen Kopenhagens auftauchten, die Struensee zum Teil auf übelste Art und ohne Rücksicht auf den Wahrheitsgehalt angriffen. Sein Versuch, durch eine teilweise Rücknahme der Pressefreiheit vor allem den anonymen Angriffen die Basis zu entziehen, kam zu spät.

Eine weitere Verschwörergruppe hatte sich um die Königinwitwe Juliane Marie und ihren Sohn, Christians Halbbruder, gebildet. Teile des Klerus, Offiziere und Adlige versammelten sich auf Schloss Fredensborg, 15 Kilometer von Hirschholm entfernt. Ob Intrigenspinnen wirklich zu Juliane Maries Lieblingsbeschäftigungen gehörte, bleibt dahingestellt. Folgt man Reverdil, der sie über viele Jahre kannte, so war sie eher ein schüchterner, zurückhaltender Typ, zwar ehrgeizig für ihren Sohn, aber nicht wirklich boshaft Caroline Mathilde gegenüber. Sie hing dem Pietismus an, war strenggläubig und fromm und ihre Feindschaft hat wohl erst Nahrung bekommen, als Caroline sich mit dem »gotteslästerlichen« Struensee einließ. Andererseits, falls sie wirklich keine Erfahrung mit Intrigen hatte, war sie ein wahres Naturtalent. Denn ihr gelang es, die verschiedenen unabhängig voneinander operierenden Verschwörergruppen auf einen gemeinsamen Plan einzuschwören. Ihr erster Versuch war der Anschlag auf Struensee auf dem Fest vom 28. September, der scheiterte. Mit Rantzau zu arbeiten kostete sie große Überwindung und so schwindelte man ihr vor, dass Eile geboten sei, weil Struensees Umsturzpläne einschließlich der Ermordung Christians unmittelbar bevorstünden.

Die Nacht nach dem Maskenball am 17. Januar 1772 wurde zur Stunde X auserkoren. Es galt den König zu isolieren und ihn dazu zu bringen, die nötigen Befehle zu unterschreiben.

Und genau da lag bei aller Planung der kritische Punkt. Denn ob Christian wirklich die Verhaftung zweier Menschen, denen er neben Reverdil als Einzigen vertraute, unterschreiben würde, konnte niemand sagen. Das Schicksal eines Landes lag in der Hand eines Mannes, in dessen Kopf es immer öfter rappelte.

Verhaftungen

»Niemals habe ich sie fröhlicher gesehen und lebhafter im Gespräch.«[19]

Es war gegen 4 Uhr am Nachmittag des 17. Januar und ein kleiner Kreis, zu denen auch Reverdil gehörte, hatte sich zum Diner in den Räumen Caroline Mathildes, die sich offensichtlich bestens amüsierte, zusammengefunden. Danach eröffnete sie als Königin am Arm Christians VII. den Maskenball.

Genau 12 Stunden später, kurz nach 4 Uhr in der Nacht, marschierten General Eichstädt und seine Dragoner vor dem Schloss auf, um die Verhaftungen möglichst störungsfrei zu gewährleisten. Und Caroline Mathilde stand wütend und gedemütigt im Negligee vor einem sich spöttisch verbeugenden Grafen Rantzau und versuchte vergeblich zu verstehen, was eigentlich passiert war.

Zwischen diesen beiden Situationen lagen Stunden, in denen sie glücklich im Arm Struensees tanzte, die Aufregungen der letzten Monate vergessend. Die königlichen Majestäten waren wieder in Kopenhagen und so nahmen auch die »Winter-Lustbarkeiten« ihren Anfang. »Übermorgen wird auf dem Hoftheater geschmückter masqiuerter Ball für alle 9 Klassen der Rangpersonen seyn«, so war der Ball in den Zeitungen angekündigt worden.

Ein letztes Mal Glanz, ein letztes Mal Walzermusik. Der Walzer, mit dem sie gegen 2 Uhr morgens mit Struensee den Ball offiziell beendete, war von Kapellmeister Sarti extra für diesen Anlass komponiert worden.

Besucht man heute das Museum in Kopenhagen in den historischen Räumen des Theaters von Schloss Christiansborg, dessen Boden angehoben werden konnte, um den Tanzenden eine größere Fläche zu verschaffen, so stolpert man automatisch über die Vitrine in Caroline Mathildes Loge, in der die Noten dieses Walzers ausgestellt sind. Man schaut auf die Tanzfläche, hört die Geigen und sieht sie dort schweben, lächelnd, wunschlos glücklich. Und man wird ein wenig traurig bei dem Gedanken, dass es ihr letzter Tanz mit dem Mann war, der die große Liebe ihres Lebens bedeutete.

Als Caroline Mathilde sich gegen 3 Uhr morgens zu Bett begab, hatten sich die Verschwörer bereits in den Räumen Juliane Maries versammelt. Man wartete auf den Grafen Rantzau, der in letzter Minute einen Rückzieher machen und versuchen wollte, Struensees Bruder Carl, der als Finanzexperte im Ministerium arbeitete, zu warnen. Vergeblich. Dann täuschte Rantzau einen Gichtanfall vor. Auch davon ließen sich die Verschwörer nicht abhalten und ließen ihn in einer Sänfte abholen.

Zunächst marschierten sie gegen 4 Uhr morgens zum König, denn der musste die vorbereiteten Haftbefehle unterschreiben. Wenn man weiß, dass Christian VII. in seinem fortgeschrittenen Krankheitszustand oft so ängstlich war, dass er sich schon vor den Wachsoldaten fürchtete, kann man sich ein Bild davon machen, was in ihm vorging, als er aus dem Tiefschlag gerissen um sein Bett herum seine Stiefmutter, seinen Stiefbruder, den Grafen Rantzau und andere sah, die alle keinesfalls zu seinen engsten Vertrauten gehörten. In äußerstem Entsetzen vernahm er, dass man einen Anschlag auf sein Leben plante und dass er selbst in seinem Zimmer nicht sicher war. Er folgte seiner Stiefmutter in deren Räume, nicht ahnend, dass man nur verhindern wollte, dass er von der Verhaftung Caroline Mathildes, deren Zimmer direkt an seine anschlossen, etwas mitbekam.

Über die folgenden Stunden gibt es keine Berichte der Opfer, dafür aber jede Menge Anekdoten aus Siegersicht, wahre und erfundene, die alle eins gemeinsam haben: die Schadenfreude darüber, dass Menschen, die vor einer Minute noch ganz oben standen und Befehle gaben, auf einmal ganz unten und völlig hilflos der Willkür anderer ausgeliefert waren. So soll der Kutscher, der Struensee zur Zitadelle brachte, einen Reichstaler bekommen und daraufhin gesagt haben, er sei so froh, dass er diesen Gefangenen auch umsonst gefahren hätte.

Nur so kann man auch das Verhalten des Grafen Rantzau verstehen, dem es offensichtlich eine große Freude bereitete, Caroline Mathilde zu zeigen, dass er jetzt die Macht hatte.

Ihre erste Reaktion auf die Verhaftung war Wut. Einem der Soldaten soll sie an die Kehle gesprungen sein. Einer anderen Anekdote nach soll sie versucht haben, sich in Verzweiflung aus dem Fenster zu stürzen. Sie versuchte den König zu erreichen, von dem sie zu Recht annahm, dass er so etwas freiwillig niemals befohlen hatte. Aber der König war genau aus diesem Grund entfernt worden und die Verbindungstür zu seinen Räumen wurde von einem Soldaten bewacht. Ihr zweiter Gedanke galt Struensee, aber auch hier stand ein Soldat vor der Tür zum Geheimgang. Immer noch Königin und inzwischen befehlsgewohnt verlangte sie den Außenminister von Osten zu sprechen, was man ihr auch gewährte.

Von Osten allerdings hatte Angst um seinen eigenen Kopf und hütete sich, irgendetwas zu tun, was ihn bei den Verschwörern in Misskredit bringen konnte. So empfahl er Caroline Mathilde, sich zu ergeben und erst mal zur Festung Kronenborg abzufahren. Das Weitere würde sich ergeben. Soldaten, die alle Ausgänge überwachten, verängstigte Kammerfrauen, die ihr zuflüsterten, dass man den Grafen längst zur Zitadelle gebracht hätte, ein grinsender Rantzau, der sich in diesen Minuten für alle Demütigungen der letzten Monate rächte, am Ende war Caroline Mathilde froh, dass sie wenigstens ihre kleine Tochter mitnehmen durfte. Ihr Sohn dagegen musste zurückbleiben.

Insgesamt wurden in dieser Nacht 17 Personen verhaftet. Neben Struensee und Caroline Mathilde sein Bruder Carl, Enevold Brandt, Falkenskjold, Berger, alle, die dem engeren Kreis um Caroline und Struensee angehörten. Sie wurden zumeist in die Zitadelle gebracht, einige nur unter Hausarrest gestellt. Alle im Schlaf überrascht, alle ohne jede Gegenwehr, hilflos von der Macht in Ohnmacht gefallen.

Der König hatte alle Befehle, die vom Sekretär Juliane Maries Ove von Guldberg verfasst waren, ohne zu fragen unterschrieben, so wie er das seit Monaten machte, ohne jeden eigenen Willen, wie eine Knetgummimasse, die dem jeweiligen Daumendruck nachgab. Die einzige Verhaftung, die er wohl gerne unterschrieb, war die von Brandt, denn gegen den hatte er schon länger einen tiefen Groll.

Es war gegen 7 Uhr, als die Kutsche mit Caroline Mathilde Kopenhagen verließ, um sie zur Festung Kronenborg zu bringen. »Damit nun die Revolution keine Hindernisse finden möchte, so verfügte sich die Königin nach Kronenborg«, schrieb eine Zeitung einige Tage später, so tuend, als ob Caroline Mathilde freiwillig das Feld geräumt hätte.

Als »Arrestantin« fuhr sie, »beschuldigt großer und schwerer Verbrechen«, schrieb schon näher an der Wahrheit der Resident Reiche an seinen Herrn Georg III. nach England.

Die Gerüchteküche kochte über in Kopenhagen und Umgebung. Weder das Volk noch die ausländischen Diplomaten besaßen zuverlässige Informationen. Man hatte die Soldaten vor dem Schloss, die abfahrenden Kutschen gesehen. Es hieß, der König sei in letzter Minute vor einem Anschlag auf sein Leben gerettet worden. Und natürlich, das hatte man ja die ganze Zeit schon geahnt, waren die Urheber des Anschlags der verhasste Minister Struensee und seine Geliebte, die Königin. Ausgerechnet am Geburtstag des Kronprinzen wollten die beiden die Beseitigung des Königs durchführen, so hieß es.

Zum Glück hatten das die Königinwitwe Juliane Marie und ihr Sohn, der Erbprinz Frederik, verhindert. Es lebe der König! Es leben Juliane Marie und ihr Sohn! Das Volk jubelte. Und es interessierte zu diesem Zeitpunkt niemanden, dass die meisten der Menschen, die die Verhältnisse am Hof kannten – auch wenn sie die Beziehung Caroline Mathildes zu Struensee ablehnten –, die Vermutung, die beiden wollten Christian beiseite schaffen, um an die Macht zu kommen, für absurd hielten. Christians Schwager Carl von Hessen meinte, dass dies eine »thörichte, rein erfundene Idee« sei, »da der König sie mehr beschützte als störte«.

Während die Verhafteten in ihren verschiedenen Gefängnissen noch den Schock der vergangenen Nacht verarbeiteten, jubelte Kopenhagen. Der Zorn über die Veränderungen der letzten Monate galt immer nur dem ersten Minister. Der König, von dem man doch als Herrscher annehmen musste, dass er die Reformen zumindest mittrug, ging völlig unbefleckt aus dem Chaos hervor. Er galt als Opfer, als durch die göttliche Vorsehung von seinen Feinden Erretteter, ein Bild, das von Juliane Marie und ihren Mitverschwörern bewusst gefördert wurde. Der König ließ sich feiern, geschickt in den Vordergrund geschubst. Dahinter der Erbprinz Frederik, den Christian nicht ausstehen konnte, der aber von nun an sein ständiger Begleiter wurde und sogar schon in der Revolutionsnacht alle Befehle Christians gegengezeichnet hatte. Juliane Marie fing an, ihren Sohn als zukünftigen zweiten Mann im Staat aufzubauen. Die beiden Halbbrüder fuhren in der Kutsche durch die Stadt, begleitet von »Freudengeschrey und Vivat-Rufen«.

Abends war Kopenhagen hell erleuchtet, es gab ein Feuerwerk und vor lauter Freude ging die Menge dann dazu über, alle Häuser zu plündern, die in irgendeiner Weise mit Struensee und seinen Freunden in Verbindung standen. Auch die Freudenhäuser der Stadt mussten daran glauben. Sie wurden zerstört, geplündert, die Frauen verprügelt und auf die Straße gesetzt. An diesem Abend drückte die Polizei alle Augen zu, das letzte Mal, dass Zügellosigkeiten zugelassen wurden. In den Wochen danach wurden die Plünderer aufgefordert, alles Entwendete zurückzugeben.

Caroline Mathilde soll an diesem Abend am Fenster auf der Festung Kronenborg gestanden und die bunten Lichtblitze des Feuerwerks über Kopenhagen gesehen haben. »Man feiert die Errettung des Königs«, wurde ihr erklärt.

Woran mag sie gedacht haben? Sicher an ihren kleinen Sohn, den sie zurücklassen musste, an Struensee, über dessen Schicksal sie nichts wusste, und vielleicht auch an ihren Mann, der ihre Verhaftung in der letzten Nacht mit seiner Unterschrift unter die Worte, die ganz sicher nicht von ihm kamen, angeordnet hatte:

»Madame,
Ihr wisst, wie sehr ich Euch geliebt habe, aber Euer Verhalten hat meinen Erwartungen nicht entsprochen. Ich sehe mich daher gezwungen, Euch von meinem Hof zu entfernen und nach Kronenburg zu bringen, wo ich Euch eine glückliche Reue wünsche.
Christian«

Rückkehr zum alten Regime

»Ich habe niemals in den Minen Mexikos gearbeitet, aber ich bezweifele, dass es ein härteres und frustrierenderes Leben ist als das, was ich in den letzten sechs Wochen geführt habe«, schrieb der neue englische Botschafter Keith am 26. Februar 1772 aus Kopenhagen an seine Schwester.[20]

Es war sicherlich ein Härtetest, den der Gesandte bestehen musste. Nach einem halben Jahr kaum Fuß gefasst in seinem neuen Wirkungsfeld und schon musste er die Schwester seines Königs vor der Hinrichtung wegen Ehebruchs retten. Eine Aufgabe, für die man im diplomatischen Dienst nicht vorbereitet wurde, die er aber mit Bravour meisterte. Ihm ist es letztlich zu verdanken, dass Caroline Mathildes Haftbedingungen erträglich wurden und sie am Ende Dänemark verlassen durfte, weil er sich nicht scheute, in entscheidenden Momenten die Dänen auf die Stärke der englischen Kriegsschiffe hinzuweisen.

Ansonsten war diese Zeit für alle Diplomaten und Journalisten äußerst schwierig. Da passierte eine Revolution von oben und über die spannendste Angelegenheit, nämlich dass die amtierende Königin in die Festung Kronenborg gebracht wurde, herrschte absolutes Stillschweigen.

Der dänische Gesandte in London, der sich zu privaten Besuchen auf dem Festland aufhielt, bekam den Befehl, sich sofort auf seinen Posten zurückzubegeben und den englischen König zu beruhigen, dass es keine andere Möglichkeit gegeben habe, dass aber die ganze Angelegenheit wie eine Familiensache behandelt werden solle und nichts in der Öffentlichkeit bekannt werden würde.

»Meine Maßnahmen der Königin gegenüber sind nicht ohne Beispiel in der Geschichte, aber meine Geduld ist es und ich bezweifle, dass es in der Geschichte auch nur das Beispiel eines einzigen Herrschers gibt, der seine Schande so lange und mit so viel Nachsicht ausgehalten hat wie ich«, schrieb Christian in einem der zahlreichen Briefe, die in den kommenden Wochen durch spezielle Kuriere zwischen London und Kopenhagen hin und her getragen wurden. Und er fährt fort, indem er die Zärtlichkeit erwähnt, die er für seine Frau empfunden und die sie auf eine so schmerzhafte Weise missbraucht habe.
Christian betonte in jedem Schreiben, dass er so handeln musste, um sich, sein Vaterland, die Religion und die Moral zu retten, was angesichts seines eigenen Lebenswandels schon mehr als zynisch klang, wobei mit Sicherheit kein Wort von ihm selbst stammte.
Diese Briefe haben alle den frommen Flair einer Juliane Marie, die endlich die Möglichkeit gekommen sah, Ordnung und Moral an den Hof zu bringen. Zusätzlich zu den Hofveranstaltungen wie Konzerte, Opern, Theateraufführungen und Schlittenfahrten war Frömmigkeit angesagt. Zusammen mit seiner Stiefmutter und seinem Halbbruder besuchte Christian nicht nur am Sonntagvormittag den Gottesdienst, sondern auch am Nachmittag die Andachten in der Schlosskirche. Zur Großen Cour bei Hofe wurden jetzt der Bischof, Mitglieder der theologischen Fakultät und die Geistlichkeit der Stadt eingeladen.
Der König »belustigt sich fast täglich« mit Schlittenfahrten in Begleitung des Erbprinzen, der ihn wie ein Schatten überallhin begleitete. Zum gemeinsamen Mittag- und Abendessen gesellte sich dann noch Juliane Marie dazu. Schade, dass Reverdil den Hof verlassen hatte, sodass es keine neutralen Beobachter mehr gab, die berichten konnten, wie es mit dem Amüsement des Königs bei diesem für ihn ungewohnt sittsamen Programm tatsächlich aussah. Andererseits war es für die neuen Machthaber eine Notwendigkeit, den König nicht wieder in alte Gewohnheiten abgleiten zu sehen, denn wie sollten sie sonst einen Scheidungsprozess im Namen von Religion und Moral gegen Caroline Mathilde einigermaßen glaubhaft durchstehen.

Ohnehin wurden die neuen Machthaber auch von Gegnern Struensees sehr kritisch beobachtet. »Die Bösen werden durch die Bösen bestraft«, kommentierte Andreas von Bernstorff und fügte hinzu, dass alle, die ihm schrieben, die Veränderungen begrüßten, aber nicht die Akteure, die sie ausgeführt hatten.

Juliane Marie machte sich unterdessen daran, nicht nur die Moral des Hofes zu heben, sondern auch die des Volkes wieder auf den alten Stand zu bringen. »Alles Nachtsitzen« in den Wein- und Wirtshäusern der Stadt wurde umgehend verboten. Kein Trinken, keine Spiele, keine »verfängliche Lustbarkeit«. Die Hausherren waren auch in diesem Punkt für ihre Dienstboten verantwortlich. Die Gesetze über die unehelichen Kinder wurden aufgehoben, am Sonntag gab es keine Volksbelustigungen mehr.

Überhaupt ging die neue Regierung daran, alle Gesetze, die nach dem 15. September 1770 ergangen waren, zu überprüfen; Zug um Zug wurde das alte System wieder eingeführt. Die Leibwachen zogen auf ihre alten Posten, ein neuer Kabinettsrat unter Vorsitz des Erbprinzen wurde eingerichtet, der wie früher Christian VII. in allen Staatsangelegenheiten beriet, letztendlich aber nur seine Unterschrift brauchte. Die Polizei durfte wieder unangekündigt Privathäuser betreten und durchsuchen, wenn sie Ordnung und Anständigkeit und gute Sitten schützen wollte. Die dänische Sprache wurde Amtssprache.

Und natürlich kamen auch Titel und Orden wieder zu alten Rechten. Die gelungene Revolution, die als Auferstehung des Königs zu alter Macht mit Dank-Gottesdiensten und Glockengeläut gefeiert wurde, zog eine Flut von Ordensverleihungen und Titelvergaben an alle Beteiligten nach sich. Der Mathilde-Orden wurde dagegen von seinen Trägern zurückgefordert und die Juwelen in den Staatsschatz gelegt.

Dabei steht heute fest, dass die meisten Reformen Struensees wichtig und ein Schritt in die richtige Richtung waren. Wären sie behutsam eingeführt und beendet worden, so wäre Dänemark ohne blutige Revolution auf dem Gebiet der Menschenrechte und der Toleranz Vorreiter in Europa geworden. So aber vollzog sich ein Rükkschritt in die Zeit vor Struensee.

Parallel zu diesen Änderungen bereitete man den Prozess gegen die Verhafteten vor. Während über Caroline Mathilde in Kronenborg kein Wort verloren wurde – in den Zeitungen taucht ihr Name gar nicht mehr auf –, wird über die Haftbedingungen und Verhöre der anderen, vor allem Struensees und Brandts jede noch so winzige Kleinigkeit verbreitet, zum Beispiel, dass Struensee immer noch an Händen und Füßen gefesselt war, sich aber schon den Bart rasieren durfte, dass er sich nach erfolgtem Verhör und Geständnis Wein holen lassen und rauchen durfte. Über den Inhalt der Verhöre wurde nichts verlautbart, nur wann sie stattfanden und wer in der Inquisitionskommission saß. Auch dass Struensee reinlich aussah und einen mit Pelzwerk gefütterten Schlafrock trug, erfuhr man.

Juliane Marie sorgte für die moralische Besserung der Inhaftierten. Sie schickte Struensee den Prediger Münter und Brandt den Probst Hoe zu geistlichen Gesprächen in die Zelle. Während die Zeitungen berichteten, dass Brandt nach wie vor die rechte Gesinnung fehlte und er, sobald der Probst gegangen war, auf seiner Flöte spielte oder französische Arien schmetterte, begann Struensee mit der Lektüre frommer Bücher. Er wurde, wie die Zeitungen berichteten, ganz demütig und ernsthaft und hatte nur noch ein Ziel, ein wirklicher Christ zu werden. Er soll sogar den Wachsoldaten empfohlen haben, Gellerts moralische Vorlesungen zu studieren. Ein wenig skeptisch waren die Korrespondenten aber doch ob dieser plötzlichen Bekehrung. Sie vermuteten, dass Struensee, der in allem, was er tat, nur den »sinnlichen Genuss« suchte, auch jetzt nur das Ziel hatte, seinen Zustand zu erleichtern und die Todesstrafe zu vermeiden.

Lessing sprach das aus, was viele Aufklärer, die Struensees Reformen begeistert gefeiert hatten, enttäuscht dachten: »... indes wenn er auch den Kopf verlöre, so verlöre er eben nicht sehr viel. Denn er beträgt sich durchaus, besonders gegen den heuchlerischen elenden Münter, der ihn bekehren will, als ein Mann ohne Kopf ...«

Vielleicht ist in diesen Zusammenhang auch sein Geständnis zu sehen. In einem der letzten Verhöre gestand er mit Caroline Mathilde eine Liebesbeziehung gehabt zu haben. Er bestätigte alle Zeugenaussagen der Kammerfrauen und sagte sogar mehr, als er musste, wie Reverdil empört bemerkte. Er muss schon sehr verzweifelt gewesen sein. Selbst wenn er die dänischen Gesetze nicht genau gelesen hatte, hätte er wissen müssen, dass ihn ein solches Geständnis das Leben kosten würde und Caroline Mathilde womöglich auch. Wenigstens sie hätte er schützen müssen. Aber durch sein Geständnis zieht sich wie ein roter Faden der Versuch, die Schuld und sogar die Initiative zu dem Verhältnis ihr in die Schuhe zu schieben, so als wäre er mehr Opfer ihrer Lüste geworden und habe nicht anders gekonnt als der Königin nachzugeben. Diese Feigheit ist ihm von vielen, die Caroline gern hatten und die Beobachter der Beziehung waren, sehr übel genommen worden.

Majestätsbeleidigung durch seine Beziehung zur Königin war der einzige Vorwurf, den er gestand und in dem er sich gar nicht erst zu verteidigen suchte. Alle anderen Vorwürfe glaubte er widerlegen zu können.

Mit seinem Geständnis, das man natürlich wortwörtlich an den englischen König sandte, erübrigten sich alle weiteren Verhöre in Kronenborg.

Als die Kommission dort erschien, legte man Caroline Mathilde nur das Geständnis mit dem Hinweis vor, dass Leugnen sinnlos sei. Sie weigerte sich zu unterschreiben, zweifelte die Echtheit des Dokumentes an. Es konnte nur eine Fälschung sein.

Daraufhin soll Schack-Rantzau, der Sprecher der Kommission, gesagt haben: »Wenn dies nicht wahr ist, Madame, so ist kein Tod für dieses Ungeheuer grausam genug, welches sogar gewagt hat, Sie so ins Spiel zu ziehen.« Caroline fragte daraufhin, ob sie ihn retten könnte, wenn sie es unterschriebe. Und erst als ihr das in Aussicht gestellt wurde, unterschrieb sie.

General Hauch, der Kommandant der Festung Kronenborg, berichtete nach Kopenhagen, dass die Königin in der darauf folgenden Nacht nicht geschlafen habe. Am Morgen sei sie wegen einer Kolik so krank gewesen, dass man den Arzt hätte rufen müssen. Auch in den nächsten Nächten fand sie keine Ruhe. »Sie schläft wenig und gerät bei Kleinigkeiten schon außer Fassung.«

Die dänische Regierung aber war mit dem Ergebnis zufrieden. Von Osten schrieb beruhigt an seinen Gesandten in London: »Nach der allgemeinen Vorstellung der christlichen Moral ist es das Verbrechen und nicht die Strafe, die den Schuldigen entehrt. Und die königliche Familie Englands hat Grund, das Messer an der Ehebrecherin zu wetzen, aber nicht an der Scheidung, die nur eine Folge davon ist.« Die Gefahr eines englischen Eingreifens schien durch die offensichtliche Schuld Carolines gebannt.

So ganz sicher war von Osten allerdings nicht, denn immerhin schickte er diesen Brief mit einem Zahlencode verschlüsselt nach London. Wahrscheinlich machten ihm die permanenten Besuche des Gesandten Keith zu schaffen, der die Drohung mit den englischen Kriegsschiffen noch nicht zu den Akten gelegt hatte. Er boykottierte alle Hofveranstaltungen und schickte statt dessen ständig Briefe mit Beschwerden über die Haftbedingungen der Königin, die er erst ab April 1772 regelmäßig besuchen durfte. Durch ihn hatte Georg III. wohl auch erfahren, dass die Briefe an seine Schwester in Kopenhagen abgefangen wurden, was den englischen König massiv protestieren ließ. Es war eben doch ein Unterschied, mussten die neuen Machthaber um Juliane Marie schließlich einsehen, ob man einen ehemaligen Leibarzt oder die Schwester des englischen Königs einsperrte und bestrafen wollte.

Gefangenschaft und Verrat

»›Wer ist dieser, der von Edom kommt, in roten Kleidern …‹, fragte der Prophet Jesaia in dem apokalyptischen Wechselgespräch über die göttliche Rache. Jahwe antwortete: ›Ich bin es, der Gerechtigkeit redet und Macht besitzt zu retten.‹ – ›Warum ist rot dein Gewand …?‹ – ›… der Tag der Rache lag mir im Sinn und das Jahr meiner Vergeltung war gekommen … So zertrat ich die Völker in meinem Zorn und zermalmte sie in meinem Grimm. Ich ließ ihr Blut zur Erde rinnen.‹«[21]

Diese Stelle aus dem Alten Testament nahm einer der Geistlichen, die Juliane Marie täglich zu Caroline Mathilde in die Festung sandte, zum Anlass einer Predigt. Nicht nur Reverdil empörte sich über diese unglaubliche Beleidigung einer Prinzessin, die auch ohne solch blutrünstige Predigten in der Ungewissheit ihres Schicksals unglücklich genug war.

Es war in jeder Hinsicht eine Vorverurteilung, denn viele der Zeitgenossen, unter ihnen die beiden Bernstorffs, waren der Meinung, dass jede Rechtsgrundlage für die Verhaftungen des 17. Januar fehle, da es kein »corpus delicti« für die Behauptung gab, dass Struensee im Komplott mit der Königin die Absetzung des Königs geplant hatte. Es gab nur Gerüchte, die zum Teil von den Verschwörern selbst in die Welt gesetzt worden waren. Hektisch wurden daher in diesen Wochen alle privaten und dienstlichen Papiere der Verhafteten eingesammelt und durchgesehen um einen Beweis zu finden. Ein mehr als ungewöhnliches Verfahren, das im übrigen Europa für Verwunderung und Empörung sorgte.

Und bis zum Geständnis Struensees, dass seine Beziehung zur Königin die zulässige Grenze überschritten hatte, gab es lediglich Zeugenaussagen über eine mutmaßliche sexuelle Annäherung. Aber wie Struensees Verteidiger richtig bemerkte, niemand hatte die beiden wirklich eng beieinander gesehen. Und Mutmaßungen hätten für eine Verurteilung kaum ausgereicht.

Mit dem Geständnis in dänischer Hand aber konnten auch die englischen Proteste nur noch erreichen, dass Caroline Mathilde unbeschadet außer Landes gebracht wurde.

Georg III., der alle Befürchtungen seine kleine Schwester betreffend wahr werden sah, ließ sich nicht nur von dem englischen Gesandten Keith, sondern auch von dem Residenten Reiche über die Vorgänge in Kopenhagen informieren. Für die Engländer war die Verhaftung der Schwester ihres Königs mehr als eine Familienangelegenheit, es ging um den nationalen Stolz und da verstand man keinen Spaß. Im April rüstete sich die englische Flotte um Richtung Seeland auszulaufen. Fast jeden zweiten Tag schickte Reiche Briefe gen London, in denen häufig kaum Nennenswertes über die Königin stand, außer dass sie bei guter Gesundheit war.

Während sich die Wachsoldaten der Zitadelle, in der Struensee und Brandt einsaßen, ein gutes Zubrot verdienten, indem sie Details aus dem Leben der Gefangenen weitergaben, drangen aus der Festung zu Kronenburg kaum Informationen nach draußen. Die neue Regierung hielt ihr Versprechen gegenüber England, die Untersuchungen gegen Caroline Mathilde mit äußerster Geheimhaltung vorzunehmen.

Die Informationen, die der Kommandant Hauck in seinen offiziellen Berichten weitergab, lassen das Bild einer Frau entstehen, die bewusst die Einsamkeit suchte, kaum mit ihren Kammerfrauen sprach, sich mit ihrem Kind beschäftigte oder las, wobei sie mangels anderer Lektüre die militärische Bibliothek des Kommandanten verschlang. Sie fragte oft nach Struensee und wollte den König sprechen, was man ihr verweigerte. Nach Hauchs Angaben hätte sie alles ertragen, wenn sie nur Struensees Leben hätte retten können.

Die Festung Kronenburg erhob sich düster am Strand von Helsingör, dort wo Shakespeare seinen »Hamlet« spielen ließ. Dicke Mauern, Burggräben, schwer bewachte Tore, wie geschaffen als Staatsgefängnis für politische Gegner, die es meist nur selten lebendig und als freie Menschen verließen.

Kommandant Hauch war am Morgen des 18. Januar von der Ankunft der gefangenen Königin überrascht worden und hatte ihr seine eigenen Räume überlassen. Caroline, die die Festung schon mehrfach besucht hatte, bestand darauf, in den so genannten königlichen Appartements untergebracht zu werden. Aber dort fehlten die Möbel für eine ihrem Rang entsprechende Unterkunft.

Besucht man die Festung heute, so wird einem ein kleiner, achteckiger Raum mit vergitterten Fenstern gezeigt, in dem sie sich angeblich nur aufhalten durfte. Da es nur den offiziellen, lange nicht für die Öffentlichkeit zugänglichen Bericht des Kommandanten über diese Zeit gibt, setzten schon bald wilde Spekulationen ein, die auch heute noch Grundlage vieler Autoren sind. So wird von einem ungeheizten, vergitterten Raum gesprochen, in dem die Königin auf einer Strohmatte Platz nehmen sollte. Sie habe nach einem Stuhl verlangt und dort wie gelähmt zwei Tage gesessen. Für alles sei Juliane Marie verantwortlich gewesen.

Das ist mehr als unwahrscheinlich. Alle Aktionen die Königin betreffend sind von dem Bestreben geleitet, den englischen König nicht über Gebühr zu reizen. Schon die Verhaftung seiner Schwester war ein Spiel mit dem Feuer, eine Strohmatte in einem ungeheizten Raum hätte sicher sofort englische Kriegsschiffe vor die dänischen Küsten geführt.

So kann man getrost den Ausführungen Jorgensens, des dänischen Archivdirektors, Glauben schenken, dass Kommandant Hauch für den gesamten Zeitraum ihres Aufenthaltes seine eigenen Räume zur Verfügung stellte.

Aus Kopenhagen brachte man sogar ihr eigenes Bett und andere Gegenstände aus Küche und Weinkeller. Insgesamt sechs Räume von unterschiedlicher Größe bewohnte sie mit ihrer Tochter und ihren Bediensteten, zu denen u. a. ihr Hofsteward Graf Holstein-Ledreberg und der Baron von Raben zählten. Eine Madame Wohlsen, die Ende Januar anreiste, stand von Anfang an im Verdacht, für Juliane Marie als Informantin zu arbeiten.

Caroline Mathilde war gefangen, wenn auch im Vergleich zu den anderen Gefangenen in einem goldenen Käfig. Eigentliches Ziel war ihre totale Isolierung von der Außenwelt. In den ersten vier Wochen durfte sie ihre Räume nicht verlassen, bekam keine Besuche, keine Briefe und durfte auch keinen schreiben. Den Bediensteten war es bei Strafe verboten, ihr irgendwelche Informationen zu geben über das, was in Kopenhagen passiert war und noch passierte.

Keith, der sich unermüdlich bemühte, fragte in einem Brief beim Außenminister von Osten an, ob die Königin nun endlich spazieren gehen könnte. Die knappe Antwort lautete, dass sie danach nicht gefragt habe und es daher wohl auch nicht wolle.

Vergeblich versuchte sie Kontakt nach außen zu knüpfen. Erst auf wütenden Protest hin gestand man ihr Papier und Feder zu. Schreiben durfte sie nur, wenn Fräulein von Moistling, ihre Kammerfrau, anwesend war und kontrollierte, an wen die Post abging.

Andreas von Bernstorff wunderte sich über die Privilegien, die der Königin bereits nach kurzer Zeit zugestanden wurden, meinte aber, dass sie, sobald man ihr auch noch ein Pferd gewähren würde, innerhalb kürzester Zeit in Kopenhagen beim König wäre und es eine neue Revolution geben würde. Besser kann man nicht ausdrücken, dass alle Befehle, die Caroline Mathilde betrafen, keinesfalls von Christian kamen. Er setzte wie bei allen anderen Verfügungen nur seine Unterschrift unter ihm vorgelegte Briefe. Einmal machte er sogar den Versuch, sie heimlich zu besuchen. Er hatte bereits den Befehl gegeben, den Wagen anzuspannen, wurde dann aber in letzter Minute zurückgehalten.

Am 28. Januar, als sie schon zehn Tage in Haft war, feierte ihr Sohn seinen fünften Geburtstag, zum ersten Mal ohne sie. In den Zeitungen steht, dieser Tag wurde sehr schlicht begangen, vielleicht eher übergangen. Sie wusste sicher nicht genau, ahnte es aber, dass er jetzt »standesgemäß« erzogen wurde, was so viel hieß, dass er in einen

Erziehungsprozess gesteckt wurde, der schon seinen Vater zerbrochen hatte. Nur die Hoffnung blieb, dass die ungewöhnliche Erziehung der letzten anderthalb Jahre ihre positiven Spuren hinterlassen hatte.

Sie erlebte leider nicht mehr, wie ihr Sohn in einer Palastrevolution 1784 die Macht übernahm und viele der Reformen Struensees behutsam wieder einführte und zeit seines Lebens gesünder war als die meisten dänischen Herrscher vor ihm und ein einfaches Leben dem der Etikette bei Hofe vorzog.

Aus England schrieben ihr Bruder, ihre Mutter und ihre Schwester Augusta, die sich für kurze Zeit in London aufhielt. Alle Briefe wurden in Kopenhagen abgefangen, was Georg III. zu einem energischen Protest veranlasste. Die ersten Nachrichten, die sie danach erreichten, brachten die Mitteilung vom Tod ihrer Mutter, deren Leben, wie ihr Bruder schrieb, durch die Sorge um ihre Tochter mit Sicherheit um einige Tage verkürzt worden war. Zu ihren Ängsten und Sehnsüchten kamen jetzt auch noch Schuldgefühle, die die Prediger mit ihren flammenden Reden über das göttliche Strafgericht, das über sie hereinbrechen würde, ins Unerträgliche steigerten.

Trotzdem gab sie nicht auf. Traurig, zurückgezogen, aber auch zornig und erbost soll sie in diesen ersten Wochen gewesen sein. So protestierte sie, als sie erfuhr, dass man wegen des Todes ihrer Mutter wie früher wochenlange tiefste Hoftrauer verkündet hatte. Dies hatte Struensee aber im Zuge seiner Reformen abgeschafft. Und so erklärte sie General Hauch verärgert, dass es gegen die Gesetze verstoßen würde, was der Hof da machte.

Auch ein Brief an ihren Bruder vom 4. April zeigt, dass sie noch nicht bereit war aufzugeben. Sie appellierte an ihn, der dänischen Regierung nicht zu vertrauen. Nur er könne ihre Freiheit garantieren.

Am schlimmsten aber traf sie wohl die Trennung von Struensee. Alle Berichte von Augenzeugen machen deutlich, wie abhängig sie von ihm gewesen war. Sie sah alles durch seine Augen, ihr Tag war ausgefüllt gewesen mit dem Schaffen von Anlässen, ihn zu treffen. Sie war nur glücklich in seiner Gegenwart. Zu den Entzugserscheinungen kamen nach seinem Geständnis die Zweifel. Warum hatte er ihr Liebesverhältnis gestanden? Angst vor »Zwangshandlungen«, die man ihm angedroht hatte? Hoffnung wider alle Vernunft seinen eigenen Kopf zu retten? Mit Sicherheit. Dass er kein mutiger Mann war, hätten ihr schon die letzten Monate zeigen müssen. Immer dann, wenn es gefährlich wurde, wollte er flüchten, meistens ohne sie.

Ob sie jemals den nötigen Abstand zu ihm hatte um zu erkennen, dass er am Ende nur an sich dachte, ohne Rücksicht auf die Folgen, die sein Geständnis für sie haben würde? Ob sie jemals gewusst hat, dass er in seiner Verteidigung, wo immer es ging, ihr die Verantwortung zugeschoben hatte um sich zu retten?

Die Kammerfrauen, die auf Kronenborg bei ihr waren, berichteten, dass sie das Medaillon mit seinem Porträt nach wie vor getragen, es nachts unter ihrem Kopfkissen versteckt habe.

Manchmal gibt es Situationen, da will man die Wahrheit nicht wissen, weil sie zu weh tut. Und darum war es wohl gut, dass die Mauern von Kronenborg so dick waren, dass sie auch viele Nachrichten von außen nicht zu Caroline Mathilde hereinließen.

Prozesse und Urteile

»Oh Mensch! Was strebst du doch, den Ratschluss zu verstehen
Nach welchem Gott die Welt regiert?
Mit endlicher Vernunft willst du die Absicht finden,
Die der Unendliche bei seiner Schickung führt?
Du siehst bei Dingen, die geschehen,
Nie das vergangne Recht, und auch die Folgen nicht
Und hofftest doch, den Grund zu sehen,
Warum das, was geschah, geschieht?«[22]

So wie Gellert es beschrieb, wird es allen Gefangenen wohl ergangen sein. Eingesperrt, ohne wirklich zu begreifen, warum das alles passieren musste. Die Inquisitionskommission beendete Ende März 1772 ihre Verhöre. Struensee wurde wegen Majestätsbeleidigung in neun Punkten angeklagt. Da war die Affäre mit der Königin, der einzige Punkt, in dem er sich schuldig bekannte und um Gnade bat. Dann ging es um die politischen Veränderungen, die er durchführte, vor allem um das Edikt vom 18. Juli 1771, mit dem er sich königliche Macht angeeignet hatte. Ein dritter Bereich umfasste finanzielle Veruntreuungen von Staatsgeldern. Er sollte sich bei einem Geldgeschenk des Königs durch Ergänzen einer Nullstelle erheblich bereichert haben und seinen Freund Brandt gleich mit.

Und im Sommer 1770 hatte er zur Herstellung des Mathilde-Ordens gemeinsam mit der Königin das von ihr nicht sehr geschätzte Juwelenbukett, ein Geschenk Christians, verkaufen lassen, um die Edelsteine für den Orden zu finanzieren. Man warf ihm vor, den Schmuck unter Wert verkauft zu haben, was sicher stimmte, aber nicht so sehr daran lag, dass Struensee dänische Juwelen verschleudern wollte, sondern an der damaligen Marktlage. Hieraus eine Majestätsbeleidigung konstruieren zu wollen war schon mehr als abwegig.

Der Chefankläger Wiwet pöbelte in seinem Plädoyer eher polemisch und geschmacklos »wie ein Polizeibeamter in einer Kneipe«. Jeder in der Kommission wusste, wie krank der König war und dass Struensee vieles aus diesem Grunde selber entschieden hatte. Und die Anklage über die Veruntreuung von Staatsgeldern ausgerechnet auf das Gedächtnis des Königs zu stützen war nun wirklich nicht im Sinne einer objektiven Wahrheitsfindung, die auch nicht bezweckt war.

Obwohl sein Verteidiger und Struensee selbst die Anklage zu entkräften suchten und bei einem heutigen Gericht wohl auch mindestens einen Teilerfolg erreicht worden wäre, waren diese Versuche von vornherein aussichtslos. Das Urteil lautete: »Schuldig in allen Punkten.«

Nicht umsonst mehrten sich aus dem In- und Ausland schon bald nach der Vollstreckung des Urteils die Stimmen, die das ganze Verfahren als Justizirrtum bezeichneten. Es war der klassische Fall eines Gerichtes, das ein Urteil im Sinne der machthabenden Partei sprach und nicht im Namen der Gerechtigkeit. Hier wurde ein Mann verurteilt, der zu mächtig geworden war und aus Unkenntnis und Hochnäsigkeit im Zuge seines Aufstiegs sämtliche Kreise der dänischen Gesellschaft verprellt hatte.

Mangel an Mut und nicht zu entschuldigende Feigheit wurden Struensee, weil er die Königin dermaßen belastete, von seinen Zeitgenossen vorgeworfen. Ein Urteil, das gerechtfertigt scheint. Aber wer kann schon sagen, wie viel Mut man selber angesichts von Folter und Tod aufbringen würde. Struensee hatte zusammen mit Christian zu oft auf der Reise nach England und Frankreich Folterungen und Hinrichtungen ansehen müssen. Vielleicht mit ein Grund, dass er hauptverantwortlich für die Abschaffung der Folter in Dänemark war. Er wusste nur allzu gut, was ihm bevorstand, falls man ihn foltern würde. Dass er ein eher ängstlicher Mensch gewesen sein dürfte, hatte sich schon in den Monaten vor seiner Entmachtung gezeigt, die Wochen im Gefängnis zermürbten ihn zusätzlich und die Androhung der Folter dürfte den Ausschlag gegeben haben. Reverdil berichtet, dass Struensee drei Tage lang geleugnet hatte, weil er sich immer noch unter dem Schutz der Königin wähnte. Erst als er erfuhr, dass auch sie verhaftet war, gestand er alles, in kürzester Zeit und mehr als er musste.

Die Frage bleibt, ob es nicht ausgereicht hätte, seine eigene Schuld zuzugeben. Musste er wirklich in allen Punkten Caroline Mathilde belasten, sich als Opfer ihrer Pläne und Wünsche darstellen? Sein Ziel war eindeutig: Er wollte in erster Linie sich retten. Vielleicht hatte er geglaubt, ihr würde nichts passieren, weil sie die Königin war. Kein einziges Mal hat er versucht, sie in Schutz zu nehmen. Ganz im Gegensatz zu ihr. Ihr Verteidiger Uldall und die Kammerfrauen berichteten, wie besorgt sie um Struensee war, wie sie sich Vorwürfe machte, dass ihre Beziehung ihn ins Unglück gestürzt hatte und wie sie versuchte durch ihre Aussagen sein Schicksal zu erleichtern.

Sie bat Uldall, der auch Struensee verteidigte und ihn im Gefängnis besuchen durfte, ihm zu sagen, dass sie ihm verziehen hatte.

»In ihr sah ich schmerzliche Liebe, in ihm gesättigte Wollust«, war Uldalls Fazit nach den Gesprächen mit beiden und er ergänzte, dass Struensee am Schicksal Carolines nicht mehr interessiert sei.

Das wird er ihr wohl nicht erzählt haben, denn aus seinem Bericht spricht insgesamt sehr viel Mitleid, wohl aber, dass Struensee sehr religiös geworden sei. Sie soll sich dazu nicht geäußert, nur »vielsagend« gelächelt haben.

Anfang Mai erhielt sie auch eine persönliche Nachricht von Struensee über Münter. In diesem Brief bezeichnete Struensee sich als »Verführer ihrer Unschuld und Tugend« und erinnerte sich nur mit »Abscheu« an die »falsche[n] und gefährliche[n]« Meinungen über die Religion, die er ihr »eingeflößt« habe. Er bat sie alles zu vergessen und ihn nur in einem Punkt in Erinnerung zu behalten: als Christen, der voller Reue auf seine Taten, ihre Verführung als abscheulichste unter ihnen, zurückblicke.

Münter ergänzte noch seinen persönlichen Eindruck, den er bei der Hinrichtung Struensees gewonnen hatte: »Sein letzter Augenblick war ein Seufzer für die Königin Caroline Mathilde, die er verführt und unglücklich gemacht, und für deren Verführung und Unglück die Gerechtigkeit sein Leben zur Befriedigung forderte.«

Was mag sie gedacht haben, als sie diesen Brief in Händen hielt. Gedanken eines Mannes, der keine Ähnlichkeit mehr hatte mit dem, den sie liebte. Für sie war der Inhalt sicher völlig unverständlich, war ein Verrat an allem, was er vorher gesagt und getan hatte. Alles, was von der Vernunft geleitet wird, kann nicht schlecht sein, so hatte er sie gelehrt und ihr Rousseau und andere Philosophen zum Lesen gegeben. Nun war auf einmal alles falsch?

Aber der Brief war immerhin das letzte Lebenszeichen von ihm und so nahm sie ihn mit ins Exil, bewahrte ihn in einem Geheimfach ihres Sekretärs auf dem Schloss in Celle bis zu ihrem Tod auf.

Caroline Mathildes Schicksal war mit dem Geständnis Struensees besiegelt. Die Anklage lautete auf Verletzung des Ehegelübdes und sie wurde am 6. April 1772 allein schuldig von Christan VII. geschieden. Das Scheidungstribunal war bunt zusammengesetzt aus Offizieren, dem Probst Hoe und dem Bischof Harboe, insgesamt 35 Personen.

Der ehemalige Offizier Knuth begründete sein Votum damit, dass der König »seinerseits in keiner Weise der Königin dazu Veranlassung gegeben hat, sondern im Gegenteil durch den liebevollsten, zärtlichsten und sanftesten Umgang ihre Liebe zu gewinnen gesucht hat ...«

Der Mann muss eine andere Ehe vor Augen gehabt haben, bestimmt nicht die, über die er zu richten angetreten war.

Der Verteidiger Uldall, der sich redlich Mühe gab, durfte nicht siegen, sonst hätte er ins Zentrum seiner Rede das dänische Gesetz aus der Zeit Christians V. gestellt, wonach der Richter nachzuforschen habe, ob die Person, die anklagt, selber schuldig ist. Dann dürften sie nicht geschieden werden. Auch die weiteren Paragrafen dieses Gesetzes hätten zu einem Freispruch Carolines führen müssen, aber dann wäre auf einmal die Person des Königs im Zentrum der Untersuchungen gewesen, und so vergaßen die Beteiligten für die Dauer des Prozesses die Existenz dieses Gesetzes.

Zur Rettung des königlichen Hauses, der Religion und der Sitten des Volkes habe man so entscheiden müssen, lautete die Begründung für den Schuldspruch, den Christian mit seiner Unterschrift besiegelte. Hätte man diese Maßstäbe an sein eigenes Verhalten angelegt, so wäre Caroline keine sechs Monate mit ihm verheiratet gewesen. Es ging um Macht, nicht um Moral.

Fühlte sie sich schuldig? Es gibt hierzu nur die Aussagen der Kammerfrauen, die von einem Gespräch mit ihr berichteten. Caroline Mathilde soll gesagt haben, dass es ihr egal sei, was die Leute denken. Man habe sie aus politischen Gründen an einen schwachsinnigen Mann verheiratet und so habe sie keine Schuldgefühle.

Ursprünglich war das Schloss Aalborg als ihr Verbannungsort vorgesehen und bereits seit Monaten renoviert worden. Sogar die Bediensteten hatte man schon eingestellt. Aber der englische Botschafter Keith, der vergeblich versucht hatte, die Scheidung zu verhindern, erreichte immerhin, dass sie in die hannoverschen Lande ihres Bruders nach Celle ausreisen durfte.

Am Morgen des 28. April wurde das Urteil an Struensee und Brandt vollstreckt. Über tausend Soldaten sicherten die Hinrichtungsstelle auf dem Oesterfeld vor den Stadtmauern Kopenhagens. Tausende waren dorthin gepilgert, um das »mittelalterliche Hinrichtungsdrama« anzuschauen.

Zunächst musste Struensee zusehen, wie man seinen Freund Brandt hinrichtete. Dann stieg er die Treppe zum Schafott hoch. Als äußeres Zeichen, dass er seine Ehre und seine irdischen Güter verloren hatte, wurde Struensees Wappen zerbrochen. Dann schlug ihm der Henker die rechte Hand und den Kopf ab. Der Körper wurde in vier Teile zerlegt und auf das Rad geflochten. Kopf und Hand wurden auf Stöcke gesteckt und standen zur Abschreckung noch Wochen später auf dem Feld vor der Stadt.

Wenn die neuen Machthaber geglaubt hatten, der Tod Struensees würde wie bei seiner Verhaftung Freudengeschrei auslösen, so täuschten sie sich. Die Menge verfolgte das grausame Geschehen mitleidig schweigend. Schon längst verbreiteten sich Gerüchte, dass die angebliche Verschwörung gegen den König keinesfalls den Tatsachen entsprach, und die Maßnahmen der neuen Regierung, vor allem die zunehmende Polizeipräsenz, ließ nichts Gutes für die nächste Zukunft erhoffen.

Caroline Mathilde wurde am 30. Mai vor Kronenborg von drei englischen Kriegsschiffen abgeholt. Der Abschied von Dänemark wäre ihr sicher leichter gefallen, hätte sie ihre Kinder mitnehmen können: Ihren 5-jährigen Sohn, den sie niemals wiedersehen würde, und ihre kleine Tochter, die ihr am Steg aus dem Arm genommen wurde, um mit ihrer Kinderfrau nach Kopenhagen zu fahren.

Vergeblich hatte sie versucht, wenigstens ihre Tochter behalten zu dürfen. Gegenüber Uldall vergaß sie sogar alle Vorsicht und sagte, dass Louise doch gar nicht zur königlichen Familie gehörte. Erschreckt verbot er ihr, so etwas zu wiederholen. Es würde nur das Leben ihrer Tochter gefährden, denn offiziell galt sie als Tochter des Königs. Die Zukunft ihrer beiden Kinder lag von jetzt an in den Händen Juliane Maries, der Frau, die hinter der Verschwörung gestanden hatte. Da konnten auch die Worte Gellerts nicht mehr trösten:

»Die Vorsicht ist gerecht in allen seinen Schlüssen.
Dies siehst du freilich nicht bei allen Fällen ein;
Doch wolltest du den Grund von jeder Schickung wissen,
So müsstest du, was Gott ist, sein.
Begnüge dich, die Absicht zu verehren,
Die du zu sehn zu blöd am Geiste bist;
Und lass dich hier ein jüdisch Beispiel lehren,
Dass das, was Gott verhängt, aus weisen Gründen
Und, wenn dirs grausam scheint, gerechtes Schicksal ist.«

CELLE

Ankunft in der neuen Heimat

So soll *»die Königin mit allen Ihr gebührenden Ehrenbezeugungen empfangen (werden) ... so lange als von Ihr selbst solches nicht etwa verbothen oder in der Folge ein anderes mit derselben abgeredet und beliebet wird.«* So weit die Instruktionen Georgs III. vom 1. Mai 1772 an seine Beamten, die die Fahrt nach Celle und den Aufenthalt dort vorbereiten mussten.[23]

Während Caroline Mathilde in Dänemark seit dem Tag ihrer Scheidung nur noch wie eine ausländische Prinzessin behandelt wurde – ihr Name verschwand aus den Zeitungen und wurde auch in den öffentlichen Gebeten für die königliche Familie gestrichen –, bezeichnete Georg III. sie nach wie vor als Königin von Dänemark und befahl, sie dementsprechend zu behandeln.

Nach knapp 5 ½ Jahren machten sich die königlichen Beamten erneut an die Aufgabe, eine Reise der jüngsten Schwester des englischen Königs zu planen. Wenn man die Verfügungen Georgs III. vergleicht, so fällt ein entscheidender Unterschied auf: Der König befahl diesmal auch, aber immer unter dem Vorbehalt, dass Caroline einverstanden war. Wenn sie woanders übernachten wollte als geplant, so musste das ermöglicht werden. Sie war zwar wieder abhängig von ihm und alle ihre Briefe der nächsten Monate lassen deutlich erkennen, dass sie das wusste und respektierte.

Aber die Beziehung hatte sich doch gewandelt. Er behandelte sie als Frau und Königin, die durchaus ihre eigenen Wünsche hatte. Und Caroline Mathilde, die ihre Briefe an ihn niemals mehr als »pflichtbewusste«, sondern nur noch als »liebevolle« Schwester unterschrieb, legte bei aller Dankbarkeit ein Selbstbewusstsein an den

Tag, das keine Spur von irgendwelchen Schuldgefühlen zeigte wegen der Umstände, die sie ihm machte.

Am 8. Mai 1772 kamen die Instruktionen Georgs aus London in Hannover an und lösten sogleich heftige Aktivitäten aus. Die kürzeste und vom Weg her beste Strecke zwischen Stade und dem Jagdschloss Göhrde in der Lüneburger Heide, wo Caroline Mathilde zunächst bleiben sollte, bis das Celler Schloss hergerichtet war, wurde ausgesucht. Kutschen, die Begleitung, die Pagen, sonstige Bedienstete, die Poststationen, Pferde, Unterkünfte, Verpflegung und Raststationen und die entsprechenden Gelder für die Finanzierung, alles musste bereitgestellt werden. Wer durfte die Königin wo begrüßen, wann wurden die Kanonen gefeuert, wann sollten die Glocken läuten, welcher Prediger den Gottesdienst halten?

Während die Menschen auf dem Landwege befördert werden sollten, schaffte man das Gepäck, vor allem sperrige Güter wie Carolines Klavier mit Booten nach Göhrde. Immerhin konnte der Stader Geheime Rath von Bodenhausen am Ende feststellen, dass die Königin in allem »Ihro gnädigste Zufriedenheit gegen mich zu erkennen gegeben geruht« habe.

Bis in den Oktober hinein dauerten die Umbaumaßnahmen im Celler Schloss und Caroline Mathilde verbrachte mit ihrem kleinen Hofstaat ruhige Monate im Jagdschloss zu Göhrde. Zu jeder Mahlzeit wurde der Tisch für sechs Personen gedeckt. 25 Schüsseln mit Speisen und weitere 25 nur für das Dessert wurden dabei serviert. Während Caroline Mathilde von goldenem Geschirr speiste, begnügte sich der Rest der Tischgesellschaft mit silbernem. 12 Pagen sorgten dafür, dass es an nichts fehlte.

Während für die Kopenhagener Zeit kaum Briefe von ihr vorliegen, sei es, weil sie kein großes Interesse verspürte, mit ihrer Familie zu kommunizieren, sei es, weil Georg diese Briefe nach ihrem Tod vernichtete, so gibt es aus ihrem Exil in Göhrde und Celle eine Vielzahl davon.

Aus diesen Briefen ergibt sich das facettenreiche Bild einer jungen Frau, die versuchte mit ihrem Schicksal fertig zu werden. Besonders froh war sie über die häufigen Besuche ihrer Schwester Augusta, die aus Braunschweig für einen oder mehrere Tage herüberkam. Wie unglücklich sie wirklich war, geht nur aus kleinen Randbemerkungen hervor, wenn sie zum Beispiel schreibt, dass Augusta so wie immer sehr gut gelaunt war, »wenn man das überhaupt in meiner Gegenwart sein kann«.

Die größte Sorge aber galt ihren Kindern. Täglich wartete sie ungeduldig auf den Boten aus Kopenhagen, oft vergeblich. Am 3. Oktober schrieb sie in Panik an ihren Bruder, dass sie von einem bevorstehenden Krieg in Dänemark gehört hätte und große Angst um ihre Kinder habe. Man müsste sie in Sicherheit bringen.

Überhaupt war sie erstaunlich gut über die Vorgänge in Kopenhagen informiert, trotz des offiziellen Verbotes der dänischen Regierung, Post an sie zu leiten. Sie mokierte sich über den Grafen Rantzau, der mit einer Zuwendung von 2000 Reichsthalern in Pension geschickt wurde, wusste, dass Christian in seiner Krankheit einen schweren Rückfall gehabt hatte und dass man eine Reise mit ihm nach Italien plante.

Auch Besucher machten an ihrem kleinen Hof Station. Frau von Plessen kam regelmäßig vorbei, der Prinz Karl von Mecklenburg und andere machten ihre Aufwartung. Ihre Brüder Henry und William, von denen sie seit längerem nichts gehört hatte, meldeten sich. Italienische Sänger schauten vorbei, Kisten mit englischen, französischen und deutschen Büchern wurden von Georg III. auf ihren Wunsch hin angeliefert. Sie unternahm Waldspaziergänge rund um das Jagdschloss, wobei sie sich bei Georg über ihre Damen beklagte, die keinesfalls so gerne in der Natur herumwanderten wie sie.

Ansonsten plante sie mit Eifer ihren Hof in Celle und suchte nach geeigneten Bediensteten. Fast einmal pro Woche ging in dieser Zeit ein Brief nach London ab. Caroline Mathilde war bemüht, nichts ohne das Einverständnis ihres Bruders zu entscheiden, entschuldigte sich immer wieder, dass sie ihn mit solchen Kleinigkeiten belästigte, ob sie nur den Adel empfangen dürfte oder auch andere. »Es ist besser, ich schreibe dir, als dass ich etwas tue, was dir unangenehm ist.«

Andererseits beschwerte sie sich auch verärgert, als er über ihren Kopf hinweg Verhandlungen wegen potenzieller Bediensteter führte.
Das gute Verhältnis zu ihrem Bruder wird erst im November eingetrübt, als sie in einem Brief etwas blauäugig anfragte, ob sie nicht den inzwischen aus dem Gefängnis in Kopenhagen entlassenen Carl Struensee zu ihrem Finanzberater machen könnte. Der Gesandte Keith könnte sich für seine Glaubwürdigkeit verbürgen.
Allein bei dem Lesen des Namens Struensee müssen bei Georg und seinen Beratern in London alle Alarmsignale aufgeleuchtet haben, vor allem weil dieser Brief parallel zu Gerüchten kam, gewisse Kreise in Kopenhagen wollten eine neue Revolution auslösen und Caroline Mathilde nach Dänemark zurückholen. Kaum war sie in Sicherheit und schon wieder in Pläne verwickelt, die sie und die englische Politik ins Gerede brachten. Georg III. schrieb seiner Schwester einen Brief, der darin gipfelte, dass er sie dringlichst aufforderte, endlich alle Hoffnung, jemals zurück nach Kopenhagen zu kommen, aufzugeben, zumindest, fügte er resignierend hinzu, so lange, wie ihre Kinder nicht alt genug wären, ihr beizustehen.
Nachdem sie schon einmal bei ihrer Abfahrt aus England all seine schönen Warnungen missachtet hatte, glaubte er wohl selber kaum noch, dass sie ihre Pläne, zurückzugehen, jemals ganz aufgeben würde. Andererseits haben diese Pläne sicherlich über die vielen traurigen und verzweifelten Momente hinweggeholfen. So konnte sie weiterleben in der Hoffnung, eines Tages ihre Kinder wiederzusehen.
Immerhin war sie aber so klug, fortan den Namen Struensee ihrem Bruder gegenüber nicht mehr zu erwähnen. Dafür spannte sie ihre Schwester Augusta ein, die bei ihm nachfragte. Georg hüllte sich zu diesem Thema in Schweigen, was die beiden Schwestern in ihren Briefen entsprechend bissig kommentierten. Der rege Austausch zwischen den Geschwistern zeigt, wie eng diese Beziehung war, die sich gerade dann bewährte, wenn einer von ihnen in Schwierigkeiten war.

Dass Augusta von Georg III. zur Überwachung ihrer Schwester eingesetzt wurde, wie häufig zu lesen ist, stimmt wohl nur zum Teil. Georg war sehr besorgt, dass seine Schwester sich zu leichtsinnigen Handlungen Richtung Kopenhagen verleiten lassen würde, womit er auch nicht so falsch gelegen sein dürfte. Augusta handelte jedoch aus eigenem Antrieb, schließlich war sie nicht nur Carolines ältere Schwester, sondern auch ihre Patin. Und so wird sie ihre Aufgabe wie früher auch schon als Ratgeberin gesehen haben, aber nicht als Bewacherin im eigentlichen Sinn des Wortes.

Von Kopenhagen aus wurde das Verhalten Caroline Mathildes sehr misstrauisch beäugt, um so mehr als die Stimmung im Volk sich gegen die neue Regierung wandte und sich erstes Bedauern über den Abgang Struensees bemerkbar machte. Und sicherlich hatte man auch Spione in Caroline Mathildes Hofstaat geschmuggelt. Georg selber warnte seine Schwester, in Gegenwart von Augustas Angestellten offen über Pläne Richtung Kopenhagen zu reden, denn er wusste, dass einige von ihnen von Kopenhagen bezahlt wurden.

Andreas von Bernstorff schrieb, dass in Göhrde ein ehemaliger Angestellter Struensees vorgesprochen habe, der sei aber sofort verhaftet und außer Landes gebracht worden, wohl auf Anweisung Londons. Der König kenne seine Schwester und er wisse genau, dass die »Gewissheit, entehrt zu sein, keinesfalls verhindere, dass ein unmögliches Gefühl zurückkomme in ein Herz, das so verstockt und angefüllt mit unheilvollen Illusionen« sei.

Diese Befürchtungen waren durchaus nicht aus der Luft gegriffen, denn bis heute existiert eine kleine, bunt bemalte Holzschachtel, in der ein getrocknetes Moosröschen die Jahrhunderte überdauert hat und mit Sicherheit nicht aufbewahrt wurde, um Hoffnungen und Illusionen zu begraben.

Exil im Celler Schloss

»Sie kehrt zu uns, die Sonne goldner Zeiten!
Heil uns! Heil unsrer Vaterstadt!
Glorwürdigste, Du kommst, umringt von Seligkeiten,
Um die längst unsre Hoffnung bat.«[24]

So lautete die erste Strophe eines der zahllosen Lobgedichte, die man Caroline Mathilde bei ihrem Einzug in Celle am 20. Oktober 1772 auf weißem Atlas gedruckt überreichte.

Celle war von 1299–1705 Residenzstadt der regierenden Herzöge von Braunschweig-Lüneburg gewesen. Nachdem die Residenz nach Hannover verlegt worden war, spielten Schloss und Stadt nur noch eine Randrolle, was vor allem die Handwerker und Händler der Stadt zu spüren bekamen.

Sobald man daher in Celle vernahm, dass Georg III. eventuell Celle als Aufenthaltsort für seine Schwester vorgesehen hatte, wurden die Bürger aktiv. In einem Schreiben vom 30. Juni 1772 baten sie ihn, seine Schwester doch nach Celle zu schicken, weil die Stadt Celle seit 1705 einen »großen Verlust ihrer Nahrung erlitten hat« und nun »völlig entkräftet« sei.

»Oh, wie erheiterten sich die Gesichter unserer Mitbürger, sobald die Wahrscheinlichkeit wuchs, dass unser huldreichster Monarch geruhen würde, diesem Sitz seiner Durchlauchtigsten Ahnherrn den beynahe erloschenen Glanz wieder zu geben ...«

Allein die monatelangen Bauarbeiten am Schloss sorgten schon für einen immensen Auftragsanstieg bei den örtlichen Handwerkern. Goldene Zeiten sah man anbrechen und dementsprechend überschwänglich war der Empfang für Caroline Mathilde. Obwohl sie

Schloss Celle

erst am späten Nachmittag eintraf, warteten die Bürger schon seit dem Morgen vor dem Westtor der Stadt, die Garde der Kaufleute in ihren blauen Uniformen, Paukenspieler und Trompeter und viele Fremde, die extra angereist waren und die Herbergen der Stadt füllten.

Der Kommandant der Stadt Prinz Ernst von Mecklenburg-Strelitz begrüßte sie und die Königin erwiderte die Willkommensgrüße der Bürger mit einer »Grace, die alle entzückte«. Abends fuhr sie erneut in einer Kutsche durch die hell erleuchteten Straßen der Stadt, vorbei an jubelnden Menschen und mit Inschriften geschmückten Häusern:

»Dein Horizont umwölktes Zelle
Wird durch Mathilden wieder helle.«

Nach der Behandlung der letzten Monate in Dänemark als Gefangene, die um Briefpapier und Spaziergänge im Freien betteln musste, war sie endlich wieder willkommen. Es war eine Stimmung wie bei ihrem Einzug in Kopenhagen fünf Jahre zuvor.

Im Celler Schloss bewohnte Caroline Mathilde Räume im zweiten Obergeschoss des Ostflügels: ein Entrée, ein Vorzimmer, einen Schlaf- und einen Wohnraum, welcher ganz mit roten Damasttapeten ausgekleidet war. Gardinen, Sessel und Sofa waren ebenfalls in rotem Damast gehalten, das Holz war lackiert und vergoldet. Hier stand auch der Schreibtisch aus Mahagoniholz, in dessen Geheimfach sie den Brief, das letzte Lebenszeichen Struensees, versteckte. Ihr Schafzimmer war von den Gardinen bis zum Bettvorhang, den Schnüren und Quasten in Grün gehalten.

Ihre Mahlzeiten pflegte sie – wie zu der Zeit üblich – öffentlich, das heißt im Beisein von einer ganzen Reihe an Zuschauern aus dem Volk, im Esssaal einzunehmen. Der Schriftsteller und Professor Georg Christoph Lichtenberg beschreibt in einem Brief vom 28. Juni 1773 eine solche öffentliche Mahlzeit. Dicht gedrängt standen 30 Zuschauer dort und schauten der Königin zu, die in einem blauen Seidengewand mit ihren sieben Damen und zwei Kavalieren speiste. Die Unterhaltung bei Tisch wurde auf Französisch geführt, damit die Zuschauer sie nicht verstehen konnten. Er beschreibt Caroline Mathilde als nicht sehr groß, aber etwas »stark«, geschmackvoll frisiert, mit »sündhaft« schönen Armen, gesunder Gesichtsfarbe und Augen, die »Nachdruck, Feuer und Geist« verrieten.

Das Frühstück und ihren Tee nahm sie auf dem Schlosswall ein, wo sie zu diesem Zweck zwei Zelte hatte aufstellen lassen, ein bescheidener Versuch, ein Stück Idylle in der Natur wieder aufleben zu lassen.

Ihr Hofstaat bestand aus fast 70 Personen, überwiegend aus dem kurfürstlich-hannoverschen Adel. Da in Hannover seit 1714 kein eigentliches Hofleben mehr stattfand, war es für diese Adligen eine einmalige Chance und eine besondere Ehre, der Schwester ihres Herrschers zu dienen. Insgesamt entstand in Celle durchaus ein Leben, wie es für eine Königin standesgemäß war und so wie Georg III. es sich für seine Schwester gewünscht hatte.

Trotzdem musste Caroline Mathilde sich umstellen und mit dem ihr zur Verfügung stehenden Geldern haushalten, was sicher etwas ungewohnt war. Vor allem in der Zeit bis zum Frühjahr 1773, als die Dänen ihre erhaltenen Heiratsgelder zurückzahlten, zeigen ihre Briefe an Georg III., dass sie jede unnötige Ausgabe vermied und auch nicht von seinem Vorschlag, Schulden zu machen, Gebrauch machte.

Im Vertrag vom April 1773 mit ihrem Bruder wurde festgehalten, dass das von Dänemark zurückgezahlte Geld von Georg III. verwaltet wurde, mit dem Ziel, ihren Unterhalt zu sichern. Jährlich 30.000 Taler hatte sie zur Verfügung. Zum Vergleich: Ein Angehöriger des mittleren Bürgertums hatte 1000 Taler zum Leben. Außerdem bekam sie eine zusätzliche Apanage.

Ihr Tag war ausgefüllt mit stundenlangem Lesen, Briefeschreiben, Musizieren auf dem Klavier und Gesangsunterricht. Die im Nachlass gefundenen musikalischen Werke von Mozart über Händel bis zu Johann Christian Bach weisen sie als fundierte Kennerin der zeitgenössischen Musikszene aus.

Häufig unternahm sie Spaziergänge durch die Stadt und die umliegenden Gärten. Vor allem der so genannte französische Garten, in dem nach ihrem Tod ein Denkmal errichtet wurde, bevorzugte sie. Hier baute man 1774 ein kleines Fachwerkhaus, in dem sie sich sehr gerne aufhielt. So wie ihre Schwester es in Richmond tat, so plante auch sie einen eigenen Garten nach dem Vorbild von Kew anzulegen.

Geritten ist sie in dieser Celler Zeit nicht mehr. Aber im Schloss wurde eine damals sehr beliebte so genannte, Motionmaschine aufgestellt, ein Gestell mit Sitz und Sattel, das an Schnüren hing, mit deren Hilfe sich die Reitbewegungen nachmachen ließen.

Höfischer Glanz kam nach Celle auch durch die verschiedenen Musik-, Theater- und Operntruppen, die Caroline Mathilde verpflichtete und zu deren Vorstellungen auch die Bürger zugelassen waren. Wann immer sie einen derartigen Wunsch hatte, wurde er postwendend von Georg III. genehmigt. Sie durfte nur keine Truppe engagieren, deren Mitglieder sie von ihrer Kopenhagener Zeit kannte, so wie zum Beispiel die komische Oper, die sie eigentlich für den Sommer 1774 haben wollte.

Ansonsten hatte ihr Oberhofmarschall strenge Anweisungen erlassen, keine Trauerspiele oder sentimentalen Stücke zu spielen, sondern nur Komödien, »sobald ihre Gegenwart, die fast nie unterblieb, auch nur vermuthet werden durfte ...«

Ab und zu brachte eine Reise nach Hannover, für die jedes Mal erst die Erlaubnis Georgs III. eingeholt werden musste, etwas Abwechslung. Caroline Mathilde war dann Ehrengast im Schloss zu Herrenhausen und tanzte auch schon mal mit den »Cavalieren« bis ein Uhr nachts.

Zu den Bürgern der Stadt hatte sie ein sehr gutes Verhältnis. Sie spazierte häufig durch die Straßen, sprach mit ihnen und ließ die Bewohner mit ihren Sorgen zu ihr aufs Schloss kommen, um ihnen zu helfen, wo sie konnte. Sie war eine Königin zum Anfassen, da sie auf Etikette keinen großen Wert legte.

Unverständlich bleibt, warum Andreas von Bernstorff an einen Freund schreibt, man werde der Königin langsam »überdrüssig«. Sie verbringe ihr Leben damit, »spazieren zu gehen und sich über die guten Einwohner von Celle zu mokieren. Man wünscht sich allgemein sie loszuwerden.« Entweder war er falsch unterrichtet oder der Wunsch war Vater des Gedankens. Denn die Stimmung der Celler Bevölkerung traf eher Lichtenberg bei seiner Durchreise, der feststellte, sie wäre allgemein beliebt und es wäre wohl »kein Paar Fäuste in Celle, das nicht willig nach dem spanischen Rohr oder nach dem Dreschflegel griffe, wenn einer von den Schuften, ich meine den Feinden, seinen Weg durch die dasigen Gegenden nehmen sollte«.

Mit den Feinden war wohl die Regierung in Kopenhagen gemeint, denn in den Ländern Georgs III., der ja auch Kurfürst in Celle war, galt Caroline Mathilde längst als unschuldiges Opfer einer Intrige und alle Gerüchte, sie hätte ihren Mann betrogen, als leeres Gerede ihrer Feinde.

Und wie ging es Caroline Mathilde selbst? Aus ihren Briefen spricht eine junge Frau, die nicht mit ihrem Schicksal haderte, die versuchte ihr Leben in den Griff zu bekommen, einen neuen Weg zwischen Hoffnung und Verzweiflung zu finden. Am 5. November 1772 schrieb sie an Frau von Plessen, dass sie zum ersten Mal seit Kopenhagen wieder gesungen habe. Einmal, so wurde berichtet, verließ sie plötzlich mitten in einer Aufführung das Theater und lief stundenlang draußen bei schlechtem Wetter umher. Am 31. Dezember 1773 schrieb sie, dass es ihr wieder gut gehe und dass die Ballsaison in der kommenden Woche beginne. »Ich tue alles, um fröhlich zu sein, und glaube, die meisten damit zu beeindrucken, die mich nicht genau kennen.«

Durch alle ihre Briefe zieht sich die Sorge um ihre Kinder. Georg hatte ihr versprochen, alle Informationen über Gesundheit, Erziehung und Wohlergehen zu beschaffen. Er rügte sogar den Residenten Reiche in Kopenhagen, weil der diese Informationen nur spärlich schickte. Reiche entschuldigte sich damit, dass er gedacht habe, es gäbe nichts Wichtiges zu berichten, solange die Kinder gesund seien. Wahrscheinlich hatte der Mann keine Kinder, sonst hätte er gewusst, dass Caroline Mathilde auch erfahren wollte, wann ihre kleine Tochter anfing zu laufen und welche Erziehungsmethoden man für ihren Sohn ausgewählt hatte. Diese Informationen bekam sie zum Glück von Freunden, z. B. über Frau von Plessen, die noch über sehr gute Kontakte nach Kopenhagen verfügte.

Caroline Mathilde versuchte sogar aktiv in die Erziehung einzugreifen, indem sie Georg bat, dringend für einen anderen Erzieher zu sorgen.

Trotzdem muss ihre Sehnsucht nach ihren Kindern so groß gewesen sein, dass sie im Frühjahr 1773 die 4-jährige Sophie von Bennigsen, deren Mutter gestorben war, zu sich aufs Schloss nahm und wie ihre eigene Tochter aufzog. Sophie von Bennigsen erinnerte sich noch Jahre später an alles, was sie an Liebe und Zuneigung erfahren hatte, aber auch daran, wie sie manchmal zur Strafe auf einen Tisch gestellt wurde und dann eine Weile ganz still stehen musste.

Diese Muttergefühle wird Caroline Mathilde sicher genossen haben, aber sie konnten die Angst um das Leben vor allem ihres Sohnes nur zeitweise überdecken. Immer wieder wandte sie sich in diesen Jahren an ihren Bruder, den sie einmal als ihren »einzigen Freund« bezeichnete. Nachrichten von einer Revolution in Dänemark und dem Tod des Königs schreckten sie Ende 1774 auf und machten sie hilflos vor Angst. »Um Himmels willen!«, flehte sie ihren Bruder an, »beauftrage deinen Residenten, ständig ein Auge auf die zu haben, die um ihn herum sind, es ist der einzige Weg, ihn zu retten, denn meine Feinde sind schon zu weit gegangen, als dass sie vor irgendeinem Verbrechen zurückschrecken würden um ihre Pläne zu erfüllen.«

Rückkehrpläne und plötzlicher Tod

»Dein Brief zeigt, wie sehr Dänemark immer noch deinen Geist beschäftigt«,[25] schrieb Georg III. im Oktober 1772 und schickte diesen Brief vorsichtshalber nicht mit normalen Kurieren, sondern persönlich durch den ehemaligen Gesandten in Kopenhagen Keith, der auf der Durchreise in den Süden Caroline Mathilde besuchen wollte.

Allein diese Vorsichtsmaßnahme zeigt, wie sehr Georg III. politische Komplikationen mit den Dänen fürchtete, falls seine Schwester irgendwelche Rückkehrpläne verfolgen sollte. Alle Informationen, die nicht ihre Kinder beträfen, seien ohne Vorteil und schädlich für ihre Gesundheit. Und in jedem Besuch, der aus Kopenhagen käme und mit den Zuständen dort unzufrieden sei, müsse sie zunächst mal einen Spion vermuten.

Während Caroline Mathilde in Celle offiziell eher beschauliche Monate verlebte, Spaziergänge machte und Konzerte besuchte, verstummten die Gerüchte nicht, die sie im Zentrum von Verschwörungen sahen, mit dem Ziel, sie als Regentin nach Kopenhagen zurückzuholen.

Und Georg III. war bereits im Herbst 1772 so wenig sicher, dass seine Schwester ihm diesmal gehorchen würde, vor allem als sie auch noch vorhatte, Carl, den Bruder Struensees zu engagieren, dass er monatelang gar nicht mehr schrieb und Caroline sich bei Frau von Plessen beklagte, dass sie sich nicht traute, ihn überhaupt noch um etwas zu bitten, weil er in der Stimmung sei, »mir alles zu verbieten«.

Es ist kaum anzunehmen, dass Caroline Mathilde jemals auch nur einen Gedanken an eine Rückkehr nach Dänemark verschwendet hätte, wären nicht ihre Kinder gewesen. So aber nahm sie lebhaft teil an den Entwicklungen in Dänemark und diskutierte in ihren Briefen mit ihren Geschwistern personelle Veränderungen in der dänischen Regierung genau so wie neue Gesetze. Aber ihr einziges eigenes politisches Ziel galt nach wie vor der Sicherheit ihrer Familie. Und die war in höchstem Maße gefährdet. Auch ihre Schwester Augusta in Braunschweig, mit der sie häufig über diese Dinge kommunizierte, und die wohl genau wie Georg ahnte, dass Caroline wegen ihrer Kinder immer offen sein würde für Rückkehrpläne, warnte sie vorsichtig zu sein. Denn die dänische Regierung hatte überall ihre Spione und würde sich womöglich an ihrem Sohn rächen.
Beunruhigt verfolgte Caroline Mathilde alle Nachrichten über den schlechten Gesundheitszustand Christians und die Hochzeit seines Halbbruders des Erbprinzen Frederik. Falls Christian sterben sollte, stand nur noch ihr Sohn zwischen dem Erbprinzen und der Krone. »Die Angst um das Leben meines Sohnes wächst von Tag zu Tag«, schrieb sie. »Es ist so einfach, seinem Leben ein Ende zu machen, ohne dass es bekannt würde, vor allem, weil niemand da ist, den sie fürchten müssen.«
Anfang 1774 schrieb Caroline Mathilde an Carl Struensee, viele von denen, die »mit uns gelitten haben, sind in Oldenburg. Man sagt, dass sie unzufrieden sind, denn sie hoffen, nach Cop zurückzukehren.« In einem Antwortbrief bittet Carl Struensee die Königin um Verständnis, dass er nicht vorhabe, sich bei solchen Plänen zu beteiligen. Um ihre Finanzen würde er sich aber weiterhin kümmern.
Das Jahr 1774 machte aus den Rückkehrwünschen konkrete Pläne. Die »Unzufriedenen«, eine Gruppe überwiegend Adliger, unter ihnen Baron Ernst Bülow, Baron von Lichtenstein und der Count Ferdinand Ahlefeld, hatten sich in Oldenburg und in Hamburg zusammengefunden und nahmen Kontakt zu Caroline Mathilde auf. In den wenigen schriftlichen Berichten über diese Verschwörung werden nur Andeutungen gemacht, Namen kommen nur ver-

schlüsselt vor und die Briefe werden auch nicht über die normale Post, sondern nur durch vertrauenswürdige Personen weitergegeben. Es war wohl nicht besonders schwer, Caroline Mathildes Einverständnis zu bekommen. Zu groß war ihre Sorge um das Leben ihres Sohnes, den sie schutzlos den Plänen einer Juliane Marie ausgeliefert sah.

Ohne die Hilfe des englischen Königs aber waren die Pläne kaum durchführbar. Als Kurier zwischen Hamburg, Celle und London fungierte der junge Schriftsteller Nathaniel Wraxall, der auf einer Reise nach Kopenhagen die Geschichte der unglücklichen Königin gehört hatte und sie daraufhin in Celle aufsuchte.

Ende März 1775 schrieb Caroline Mathilde an ihren Bruder, um ihres Sohnes willen die Verschwörung zu unterstützen. Die Antwort aus London war eindeutig: Georg war zur Hilfe bereit, aber erst, wenn die Verschwörer Christian VII. dazu gebracht hätten, Caroline in Glanz und Würde zurückzuholen. Er hielt das Ganze für ausgesprochen gefährlich und außerdem hatte er der dänischen Regierung damals versprochen, dass er dafür sorgen würde, dass seine Schwester niemals zurückkäme. Im Klartext hieß das für die Verschwörer, dass Georg III. sie nur unterstützen würde, wenn sie ihren Plan erfolgreich umgesetzt hatten.

Anfang April wurden in Kopenhagen Männer verhaftet, von denen es hieß, sie stünden in Verbindung mit der Königin Caroline Mathilde. Und Andreas von Bernstorff schrieb seinen bekannten Satz nieder, dass davon überhaupt keine Rede sein könnte, denn von der unglücklichen Prinzessin rede in Kopenhagen niemand mehr. Es wäre, als habe sie nie existiert.

Es ist jammerschade, dass er wohl nie erfahren hat, wie nahe deren Rückkehr im April 1775 bevorgestanden hatte, und dass Dänemark nur durch ihren plötzlichen Tod einer Revolution entgangen war.

Die Vorbereitungen für den Umsturz in Dänemark Anfang Mai standen kurz vor dem Abschluss, als im Schloss zu Celle das »Fleckfieber« ausbrach. Auch Caroline Mathilde, die am Totenbett eines kleinen Pagen gestanden hatte, steckte sich an. Am 5. Mai traten die ersten Symptome auf. Fieber, Übelkeit, Erbrechen und Halsweh diagnostizierte ihr Leibarzt. Aber schon acht Stunden später musste er einen weiteren Arzt, Johann Georg Zimmermann, der als Kapazität galt und auch von Friedrich dem Großen mehrfach konsultiert worden war, hinzuziehen, denn bei der Königin zeigten sich an den Armen und bald auch am ganzen Körper rote Flecken. Die Bemühungen der Ärzte waren vergeblich, zumal man bis heute nicht weiß, woran sie genau erkrankt war.

Auf ihrem Totenbett soll sie dem Pastor einen Brief an ihren Bruder diktiert haben, in dem sie immer wieder betonte, dass sie unschuldig sei. »Ich sterbe gerne, und nichts hält mich auf – nicht mein blühendes Alter, nicht der Frühling meiner Tage, keine Freude des Lebens, die nahe oder fern auf mich warten könne.«

Dieser Brief hat stark zur Legendenbildung über Caroline Mathilde als die unschuldige, unglückliche Königin geführt, wurde immer wieder zitiert und hat Generationen von Lesern zu Tränen gerührt. Nicht nur der Inhalt, vor allem die Sprache machen es mehr als unwahrscheinlich, dass sie so einen Brief diktiert hat.

Wahrscheinlicher sind die Zeugenaussagen, die erzählen, dass sie sich in diesen Tagen im Krankenbett mehrmals die Rede ihres Lieblingsautors Gellert über die »Liebe der Feinde« vorlesen ließ, vor allem den fünften Vers, der da lautet:

»Wahr ists, Verleumdung dulden müssen,
Ist eine schwere Pflicht.
Doch selig, wenn ein gut Gewissen
Zu unsrer Ehre spricht.«

Sie starb am 10. Mai 1775 kurz nach 23 Uhr und wurde in der Familiengruft unter der Stadtkirche zu Celle beigesetzt, dort, wo ihr Sarg noch heute steht, meist geschmückt mit frischen Blumen.

Gerüchte, sie habe sich bewusst an das Totenbett des Pagen begeben, weil sie den Tod suchte, sind so kurz vor einem möglichen Wiedersehen mit ihren Kindern wenig wahrscheinlich. Die Gerüchte, die dä-

nische Regierung habe sie vergiften lassen, weil sie von den Rükkehrplänen wusste, machen schon eher Sinn, aber es fehlen Beweise.
In den folgenden Wochen wurde der Nachlass Caroline Mathildes inventarisiert. Und dabei fanden die mit dieser Aufgabe betrauten Räte »unvermuthet« und sicher ziemlich erschrocken das Schreiben, das Caroline Mathilde im Mai 1772 von Münter erhalten, und das sie all die Jahre insgeheim aufbewahrt hatte.
Sie wussten nicht, was sie damit anfangen sollten, denn dies Schreiben konnte noch einmal den Skandal, von dem man gehofft hatte, er sei endgültig vergessen, wieder aufleben lassen. Also beschloss man, diesen Brief in »dem im Geheimten Cantzley-Cabinette vorhandenen unter der Geheimten Secretarien alleinigen Beschlusse befindlichen, geheimen Schrancte verwahrlich niederzulegen ...« Man wollte seine Königliche Majestät nicht »von neuem ... beunruhigen«. Allein die Tatsache, wie viel Mühe sich die Beamten gaben, um diesen Brief, dessen Inhalt ja nun wirklich nicht revolutionär war, zu verstecken, zeigt, wie sehr das Schicksal Caroline Mathildes und ihre Liebe zu Struensee an den Nerven der für sie Verantwortlichen gezerrt hat. Wobei das eigentlich Bedenkenswerte an dieser Briefgeschichte doch bleibt, dass sie den Brief überhaupt so lange aufbewahrt hat.

Was war sie nun wirklich?
Unschuldiges Opfer? Wohl kaum. Sie liebte den ehemaligen Leibarzt ihres Ehemannes, hatte eine gemeinsame Tochter mit ihm. Sie wusste, was passieren würde, wenn es publik wurde, und sie war bereit die Konsequenzen zu tragen bis zum bitteren Ende.
Schuldig, weil sie gegen die Religion und die Moral verstoßen hatte, wie die Gesellschaft es im Scheidungsurteil für alle hörbar behauptete? Nicht wirklich, schon gar nicht, wenn man die Verhältnisse an den Höfen Europas und erst recht das sexuelle Verhalten Christians, das über Dänemark hinaus als Skandal galt, berücksichtigt.

Hätte es den Spruch Friedrich Nietzsches, den er 100 Jahre später aufschrieb, schon zu ihrer Zeit gegeben, würde Caroline Mathilde sich sicher auf ihn bezogen haben, denn:

»Was aus Liebe getan wird,
geschieht immer jenseits von Gut und Böse!«

Epilog

»Ein sehr gemächlicher Posten wäre es also, bey dem Kronprinzen von Dänemark Maître de la garderobe zu sein. Aber die Kunst, viele Menschen mit nichts zu beschäftigen, scheint er nicht zu verstehen. Ein Lakay ist zu seiner persönlichen Bedienung hinreichend.«[26]

So schreibt 1787 ein Beobachter über das »einfache« Leben des 18-jährigen Kronprinzen Frederik.

Wenn Caroline Mathilde ernsthafte Sorgen gehabt hatte, dass ihr Sohn unter dem Einfluss der Königinwitwe Juliane Marie und seiner neuen Erzieher alles vergessen würde, was sein Leben in den ersten Jahren geprägt hatte, so war diese Sorge unbegründet. Von Prunk und Pracht hielt Frederik sein Leben lang nichts. Er galt als sehr pflichtbewusst, ging nur selten ins Theater und setzte sich auch nie an einen Spieltisch. Er trank weder Wein noch Kaffee noch Schokolade, sondern begnügte sich mit einer Tasse Tee morgens und tagsüber mit Wasser.

»Dieselbe Einförmigkeit und Strenge, welche er in seiner Diät beobachtet, herrscht auch in seinem Anzuge. Schlafrock, Morgenhabit und was es sonst für Erfindungen für Bequemlichkeit giebt, sind ihm völlig unbekannte Dinge. So wie er des Morgens sein Lager verlässt, zieht er seine völlige Uniform an. Diese ist sein Negligee, so wie sie ihm in andern Zeiten als Staatskleid dient, und in einer Viertelstunde ist er völlig angezogen.«

Alle Beobachter betonen, dass die Liebe zur Sparsamkeit den Prinzen vor allem kennzeichne, was für die angegriffenen dänischen Staatsfinanzen nur von Vorteil war. Alle Vorschläge für Veränderungen im Staate, die man ihm machte, würden zwei Fragen auslösen:

Was kostet es? Welchen Nutzen hat es? Auch in seinem privaten Umfeld galt dies. Als er im Sommer 1787 auf eine Reise nach Seeland ging, nahm er nur einen Lakai mit, so dass der Reisezug aus einer einzigen Kutsche bestand. Wenn er im Winter Audienz hielt, war der ganze Raum nur durch zwei Wachskerzen beleuchtet.

Sein Hauptinteresse galt dem Militär und militärische Bücher waren auch seine wichtigste Lektüre. Morgens fand man ihn oft schon um 5 Uhr auf seinem Pferd beim Exerzieren. Die täglichen Paraden versäumte er nie.

Das Jahr 1787, aus dem die obige Beschreibung stammt, war auch das Jahr, in dem die Erinnerung an die Mutter noch einmal intensiv wach gerufen wurde. Die Verhandlungen zwischen Dänemark und England über den Nachlass Carolines waren abgeschlossen und erste Pakete mit den Gegenständen, die Caroline speziell für ihre Kinder hinterlassen hatte, trafen in Kopenhagen ein: Bücher, Schmuck, Opern- und Klaviersonaten, Porzellan, darunter ein komplettes Tee- und Schokoladenservice aus Fürstenberger Porzellan, Kleidungsstücke.

Der Herzog von Augustenburg, der Mann Louise Augustas, schrieb an seine Schwester: »Wir sind die ganze Woche mit der Auspackung aller der von Hannover angekommenen Herrlichkeiten beschäftigt gewesen. Du solltest sie sehen alle die schönen Sachen, sie sind wenigstens aus dem vorigen Jahrhunderte, allein zum Andenken der Verstorbenen werden sie alle heilig aufbewahrt werden.«

In dieser Zeit besuchten Frederik und Louise Augusta auch zum ersten Mal das Grab der Mutter in der Gruft in Celle und erfuhren von Frau von Plessen Einzelheiten über das Leben ihrer Mutter in Celle und ihre letzten Tage. 1775 nach ihrem Tod hatten die dänischen Behörden nur ein Interesse gehabt, nämlich die Trauerformalitäten der Etikette entsprechend abzuwickeln.

»Eine Scheidung darf keinen Einfluss auf die Trauer der Kinder haben.« Das sei gegen die Natur, meinte Andreas von Bernstorff, als die Nachricht vom Tod Caroline Mathildes in Kopenhagen eintraf, und setzte sich gegen den Widerstand Juliane Maries und ihres Ministers Guldberg durch.

Kronprinz Frederik und seine Schwester durften somit die Trauerkleidung anlegen, die für den Tod einer Mutter bei Hofe vorgesehen war. Christian dagegen sollte nur vier Wochen lang seine Trauer öffentlich zeigen, wie es beim Tod einer ausländischen Prinzessin vorgesehen war. Wirklich trauern durfte er nicht. Das vorgesehene Abendprogramm mit Theaterbesuch und anschließendem Dominoball wurde trotz der gerade eingetroffenen Todesnachricht durchgezogen. Den ausländischen Ministern fiel allerdings auf, wie verstört Christian VII. an diesem Abend wirkte.

Es gibt keine Quellen, die über die Reaktion der Kinder bei der Nachricht vom Tod ihrer Mutter berichten. Und wenn es die Etikette nicht vorgeschrieben hätte, wäre ihr Tod wohl eher ignoriert worden. Die Königinwitwe Juliane Marie, die die Erziehung der Kinder leitete, hatte kein Interesse daran, die Erinnerung wach zu halten.

Louise Augusta war zehn Monate alt, als ihre Mutter Dänemark verlassen musste, und wird keine eigenen Erinnerungen gehabt haben. Der Kronprinz dagegen war fast fünf, als er sie das letzte Mal sehen durfte. Aber auch für ihn fand sich eine neue Bezugsperson, die Witwe des Feldmarschalls Numsen, die er »Mutter« nannte und sich später gerne an diese Zeit mit ihr erinnerte.

Von Juliane Marie wird gesagt, dass sie die Kinder zärtlich liebte, beim Kronprinzen stieß sie jedoch auf wenig Gegenliebe. Es heißt, dass er sie so sehr verabscheute, dass er jedes Mal Probleme machte, wenn er sie besuchen sollte.

Allen Beobachtern war klar, dass Juliane Marie jahrelang zu verhindern suchte, dass Frederik an der Regierung beteiligt wurde. Mit Hilfe ihres Protegés Guldberg verschob sie zwei Jahre lang seine Konfirmation, denn danach hätte ihm ein Sitz im Staatsrat, ja sogar der Vorsitz zugestanden, den zu der Zeit aber ihr eigener Sohn innehatte. So wurde Frederik erst 1784 mit 16 Jahren – weiter konnte sie es nicht hinausschieben – konfirmiert.

Keine zwei Wochen später bei seinem ersten Auftritt im Staatsrat stürzte er mit Hilfe seines Beraters Andreas von Bernstorff die Regierung um Ove Guldberg, Juliane Marie und den Erbprinzen, ihren

Sohn, und ließ sich von seinem Vater als Regent bestätigen. Christian selber war durch seine Krankheit längst nur noch eine Marionette, die dem gehorchte, der die Macht hatte. Und Frederik machte sich dies genau wie die Verschwörer des Jahres 1772 zu Nutze. Andreas von Bernstorff holte er sofort zurück und machte ihn wieder zum Außenminister und Leiter der Deutschen Kanzlei.

Caroline Mathilde hätte sich gefreut, wenn sie noch erlebt hätte, was man über ihren Sohn sagte. Er galt als liebenswert, charmant und unterhaltsam. »In seiner Gegenwart vergisst man die Zeit und man vergisst vor allem, dass man einem Prinzen gegenüber steht«, schrieb Charlotte von Schimmelmann, die Tochter des ehemaligen dänischen Finanzministers. »Er will, dass man es vergisst.«

Frederik wollte ein Vater für seine Untertanen sein und ging oft zu Fuß in Kopenhagen spazieren, bekleidet mit einem blauen Militärrock und seiner Wachstuchmütze. Auch das Denkmal, das man ihm nach seinem Tode setzte, unterschied sich von dem seiner Vorgänger. Er wurde nicht wie sein Großvater Frederik V. als Reiter auf den Vorplatz des Schlosses zu Christiansborg platziert, sondern auf einem niedrigen Sockel stehend im Park von Frederiksborg. »Hier fühlte er sich glücklich inmitten seines treuen Volkes«, lautet die Inschrift an der Südseite des Sockels. Sein Leben lang begleitete ihn seine Liebe zur Natur, die auf Schloss Hirschholm mit Schaufel und Gießkanne, aber auch mit einem harten Erziehungsprogramm begonnen hatte.

Nach seiner Machtübernahme wurden die Verschwörer des Jahres 1772 aus der Regierung entfernt. Der englische Botschafter Keith erwähnt in seinen Memoiren lobend, dass Frederik sich aber nicht an ihnen rächte. Sogar General von Eichstätt, der direkt an der Verhaftung seiner Mutter beteiligt war, wurde nur auf seine Güter geschickt und erhielt sogar eine Pension.

Auch die Königinwitwe Juliane Marie, die in Guldberg ihren Vertrauten eingebüßt hatte, verlor ihren Einfluss auf die Politik und zog sich zurück, in jeder Hinsicht gescheitert, von allen verlassen, selbst von ihrem Sohn. »Ihre Abendröte ist nicht schön, nicht heiter«, kommentierte Charlotte von Schimmelmann.

Nach ihrem Tod 1796 wurde Juliane Marie in der Kathedrale von Roskilde beigesetzt, wo die Bauern noch jahrelang hinpilgerten um auf ihr Grab zu spucken. Denn die Bauern waren die Ersten gewesen, die unter Guldberg, der die Reformen Struensees rückgängig gemacht hatte, zu leiden hatten. Erst Frederik, der 1788 die Schollengebundenheit in Dänemark und 1804 die Leibeigenschaft in den Herzogtümern Schleswig und Holstein aufhob, knüpfte wieder dort an, wo Struensee unterbrochen worden war.

Über Louise Augusta, deren königliche Geburt nie angezweifelt wurde, erfahren wir nicht so viel, da sie als Prinzessin erst wieder im heiratsfähigen Alter interessant wurde. Allerdings gibt es viele Zeitzeugen, die berichten, wie sehr sich die beiden Geschwister mochten und aneinander hingen, obwohl man ihnen bis 1784 ganz bewusst wenig Gelegenheit gab, sich zu sehen. Charlotte von Schimmelmann berichtet, dass der Kronprinz seine Schwester zärtlich lieben würde und, sobald sie sich trafen, nur mit ihr zusammensaß und plauderte. Bis zu ihrer Hochzeit 1786 holte er sie mittags von ihren Zimmern ab, um sie zur königlichen Tafel zu geleiten.

Auf Schloss Christiansborg in den Räumen Frederiks hingen neben Porträts der Familie und Bildern von berühmten Schlachten auch einige »Malereyen in Wasserfarben«, die seine kleine Schwester für ihn gemalt hatte.

Als sollte sich die Geschichte wiederholen, wurden auch für Louise Augusta schon mit neun Jahren Pläne zu ihrer Verheiratung gemacht. Und es war ausgerechnet Andreas Peter von Bernstorff, der Neffe jenes Mannes, der für die Heirat Caroline Mathildes zuständig gewesen war, der im Februar 1779 den folgenden Brief an Christian VII. schrieb:

»... Niemand kann die erblichen Rechte Ihro Königl. Hoheit der Prinzessin Louise Augusta auf Dänemark und Norwegen und auf das Herzogthum Schleswig verkennen«, aber falls der Kronprinz nicht heiraten sollte, stehe zu befürchten, dass kein männlicher Nachkomme da sein würde, der Holstein für Dänemark sichern könne, denn in Holstein gelte männliches Erbrecht. So würde ausgerechnet Holstein, um deren Erwerb sich sein Onkel so viel Mühe gegeben habe, wieder verloren gehen, und um das zu verhindern, schlug er folgendes »Mittel« vor: Louise Augusta solle den damals 14-jährigen Erbprinzen von Holstein-Augustenburg heiraten.

Trotz des jugendlichen Alters sei Eile geboten, denn auch die englischen und schwedischen Königshäuser zeigten Interesse; sie haben die Absicht, »die Prinzessin für die Thronfolger, oder für einen andern Printzen der regierenden Linien« zu verlangen. Denn es bestehe ein Mangel an »protestantischen Prinzessinnen überhaupt«.

Einen derartigen Antrag könne man nicht ablehnen, aber durch Verhandlungen mit den Augustenburgern dem zuvorkommen. Dann würde auch die Hochzeitssumme, vermehrt um das mütterliche Erbe Louise Augustas, im Lande bleiben.

Wieder einmal wurden zwei Kinder zu politischen Zwecken geopfert. Im November 1780 unterschrieb Christian VII. mit dem Einverständnis Juliane Maries die Heiratsvereinbarungen. Allerdings sollte, so teilte Ove Guldberg dem Herzog von Augustenburg mit, alles noch geheim bleiben, denn die Gesetze »wollen, dass unsere Prinzessinnen von ihrem Schicksal nicht vor ihrer Konfirmation erfahren«. Der König werde sie darüber informieren und Louise Augusta »werde sich wie ihre Tanten mit Vergnügen dieser Anordnung unterwerfen«.

In Letzterem täuschte er sich gewaltig, denn als Louise Augusta, die als sehr temperamentvoll galt, bei ihrer Konfirmation am 22. September 1785 davon erfuhr und den Prinzen kurze Zeit später kennen lernte, weigerte sie sich ganz entschieden. Er war ihr zu pedantisch und grüblerisch.

Bei einem Vergleich der Reden des Bischofs anlässlich der Konfirmation der beiden Kinder Caroline Mathildes fällt auf, dass im Mittelpunkt der Rede an den Kronprinzen der Appell an dessen Verantwortung und Fürsorge für sein Volk steht. Louise Augusta wird dagegen von dem Bischof erinnert: »Kaum werden wir in die Welt gesetzt, so werden wir auch schon von den uns angeborenen Trieben zum Bösen hingerissen.«

Hat ihre heftige Reaktion auf die Mitteilung, dass sie den Erbprinzen heiraten müsse, böse Erinnerungen an ihre Mutter ausgelöst? Wollte der Bischof vorbeugend Schlimmeres verhindern, als er ins Zentrum seiner Predigt die Tugend stellte und sie immer wieder aufforderte, zeit ihres Lebens den »sündlichen Unordnungen«, den »sinnlichen Trieben« und den »heftigen, brausenden, glühenden Leidenschaften, die in unserm Fleische wohnen« standhaft zu widerstehen und den »Pfad der Tugend« nicht zu verlassen, damit sie glüklich werden könne?

Alle Augenzeugen waren sich darüber einig, dass die beiden Verlobten vom Temperament und Wesen überhaupt nicht zusammenpassten. Sie war lebensfroh, hatte musikalisches Talent, sang gerne und war stets der Mittelpunkt auf allen Hoffesten. Er galt als nachdenklich, philosophisch interessiert und hatte den Humor eines Hundes, wie die holsteinische Gräfin Schulin etwas boshaft bemerkte.

Dass Louise Augusta ihn nur sehr ungern heiratete, war selbst ihrem Mann nicht verborgen geblieben. Er schrieb 1786 in einem Brief an Frederik: »Auch wissen Sie, gnädiger Herr, dass die Prinzessin darum so ungern und mit Verdruss und Tränen in die Verbindung willigte, weil sie fürchtete immer auf dem Lande seyn und den Vergnügungen der Stadt entbehren zu müssen ...«

Frederik hatte schließlich ein Machtwort gesprochen und seiner Schwester erklärt, die Ehe müsse wegen des Vaterlandes geschlossen werden. Charlotte von Schimmelmann vermutete, dass Frederik der Ehe in Wirklichkeit wohl nur zugestimmt hatte, weil der Erbprinz von Holstein ihm als Berater in Kopenhagen zur Seite stand und, solange dessen Vater lebte, viel Zeit in Kopenhagen verbringen würde und Frederik sich so von seiner Schwester nicht wirklich trennen musste. Symbolisch stehen denn auch noch heute im ehemaligen Reitstall von Schloss Christiansborg die Kutschen Frederiks VI. neben der des Herzogs von Holstein und Louise Augustas.

1790 heiratete Frederik Marie von Hessen-Kassel. Er hatte vergeblich versucht eine englische Prinzessin zu bekommen, aber Georg III. litt offensichtlich noch unter den Nachwirkungen der ersten dänisch-

englischen Heirat, für die er verantwortlich gewesen war, und weigerte sich standhaft.
Als Frederik heiratete, zog sich der Herzog nach Augustenburg zurück. Louise Augusta war darüber so unglücklich, dass die Gräfin Schulin feststellte, sie fühlte sich offensichtlich lebendigen Leibes begraben, während das Leben an ihr vorbeizöge. Auch sie verliebte sich eines Tages ... aber das ist Stoff für eine neue Geschichte.
Louise Augusta arrangierte sich mit ihrem Leben, so wie ihre Mutter das auch getan hatte. Sie wurde selbst Mutter von drei Kindern, eine ihrer Enkelinnen trug den Namen Caroline Mathilde.
Zu ihrem Bruder behielt sie ihr Leben lang eine sehr enge Beziehung. Die Geschwister schrieben sich auf Dänisch regelmäßig Briefe und sie unterstützte ihn 1810 bei der Frage der schwedischen Thronfolge sogar gegen ihren Mann, der sich selber Hoffnungen auf den schwedischen Thron gemacht hatte.
Silverstolpe, ein englischer Reisender, der 1810 das Herzogspaar besuchte, berichtete, wie fröhlich es im Hause zuging und wie vor allem die Herzogin Fröhlichkeit versprühe. Die Prinzen spielten mit dem Sohn des Bürgermeisters, denn das Herzogspaar sah es gerne, wenn ihre Kinder mit Kindern niederer Klassen spielten.

Auch wenn Caroline Mathilde nur ein kurzes Glück mit ihren Kindern vergönnt gewesen war, vergessen wurde sie von beiden nicht.
Den Ort allerdings, in dem er mit seiner Mutter die glücklichsten Wochen verbracht hatte, ließ Frederik VI. um 1810, kurz nachdem sein Vater gestorben und er als König endgültig die Macht übernommen hatte, abreißen: Schloss Hirschholm. Das Schloss, das seit 1772 im Volksmund »Schloss der Sünde« genannt und nie wieder von der königlichen Familie benutzt wurde, zerfiel langsam und diente unter anderem als Steinbruch für das 1794 abgebrannte Schloss Christiansborg in Kopenhagen.
Die Gärten und Wälder rund um den See lassen heute noch erahnen, wie traumhaft schön es dort gewesen sein muss.
Schloss Hirschholm galt als das Versailles des Nordens und hier hat-

te seine Mutter mit ihm, der kleinen Schwester, die hier geboren wurde, und dem Mann, der ihr Vater war, versucht, ihren Traum von einem bürgerlichen Familienleben zu verwirklichen. Hier waren auch die Zeichnungen von ihm und seiner Mutter entstanden, sie auf dem Sofa liegend, er neben ihr mit seiner kleinen Gießkanne. Es waren letzte Szenen eines Familienlebens, das seine Schwester und er nie wieder erlebten, weil es im politischen Mächtespiel der Zeit nicht vorgesehen war, dass sich Prinzessinnen verliebten.

Anhang

Zeittafel

1737 **5. August**	Johann Friedrich Struensee in Halle geboren.
1738 **4. Juni**	Der spätere König Georg III. von England in London geboren.
1751 **22. Juli**	Prinzessin Caroline Mathilde in London geboren.
1765 **Januar**	Der 15-jährige dänische Kronprinz Christian verlobt sich mit der 13-jährigen Caroline Mathilde.
1766 **14. Januar**	Christian VII. besteigt als Nachfolger seines Vaters den Thron.
1. Oktober	Heirat Caroline Mathildes in London in Abwesenheit Christians.
8. November	Hochzeit Christian VII. und Caroline Mathildes in Kopenhagen.

1768	
28. Januar	Kronprinz Frederik (VI.) wird auf Schloss Christiansborg geboren.
6. Mai – 12. Januar	Christian VII. reist nach London und Paris. Struensee begleitet ihn als Reisearzt.
1769	Struensee wird Leibarzt des Königs.
12. Mai	Struensee wird Staatsrat.
1770	
Frühjahr	Beginn der Liebesbeziehung zwischen Caroline Mathilde und Struensee.
Juni – August	Reise nach Gottorf, Traventhal und Ascheberg.
1771	
17. Juni	Der Hof zieht in das Schloss Hirschholm.
7. Juli	Prinzessin Louise Augusta wird geboren.
14. Juli	Struensee wird Geheimer Kabinettsminister.
22. Juli	Taufe der Prinzessin Louise Augusta. Struensee und Brandt werden zu Grafen ernannt.
10. September	Die Handwerker der Flottenstation Holmen demonstrieren, weil sie keine Löhne erhalten haben. Der Vorfall verursacht Panik bei Struensee.
1772	
8. Januar	Der Hofstaat kehrt nach Kopenhagen zurück.

16. Januar	Maskenball im Hoftheater. In der Nacht zum 17. Januar werden Caroline Mathilde, Struensee und andere verhaftet. Struensee wird in der Zitadelle in Kopenhagen, Caroline Mathilde in der Festung Kronenburg gefangen gehalten.
6. April	Die Ehe von Christian VII. und Caroline Mathilde wird geschieden.
28. April	Struensee und Brandt werden auf dem Oesterfeld vor Kopenhagen hingerichtet.
28. Mai	Caroline Mathilde verlässt Dänemark.
20. Oktober	Ankunft in Celle
1775	
10. Mai	Caroline Mathilde stirbt an einer ansteckenden Krankheit.
1784	Kronprinz Frederik wird nach einem Staatsstreich Mitregent seines Vaters Christian.
1808	
13. März	Christian VII. stirbt. Sein Sohn folgt ihm auf den Thron als Frederik VI.
1820	
29. Januar	Georg III. stirbt auf Schloss Windsor.

Anmerkungen

1 Friis, Bernstorffske Papirer, Bd. 3, 18. 04. 1775
Graf Andreas Peter von Bernstorff, geb. auf Gut Gartow 1735, hatte nach Studien in Leipzig und Göttingen sowie Bildungsreisen durch Italien, England, Frankreich 1758 in Kopenhagen eine Anstellung im Zoll- und Handelswesen bekommen. Er war der Neffe des Ministers J. H. v. Bernstorff und wird als ein »Mensch des Maßes, von ausgeprägter Geistigkeit« beschrieben. Von 1784 bis 1797 († 21. 06. 1797) war er Chefminister Friedrichs, des dänischen Königs.

2 Friis, Bernstorffske Papirer, Bd. 2, S. 84f.
Der Minister Hartwich v. Bernstorff (*1712 auf Gut Gartow, † 1772) war seit 1751 Minister und Chef der deutschen Kanzlei in Kopenhagen, vorher Gesandter in Dresden, beim Reichstag und in Paris. Er erwarb sich große Verdienste um »das Gleichgewicht des Nordens«, wozu er Verträge mit Frankreich, Österreich und Russland (betr. Gottorf/Oldenburg) schloss. Er wurde 1771 von Struensee entmachtet.

3 Friis, Bernstorffske Papirer, Bd. 2, S. 93f. Brief an Minister Bernstorff v. 15. 08. 1766

4 Gellert, Moralische Vorlesungen 1770, S. 265

5 Friis, Bernstorffske Papirer, Bd. 1, S. 4 und S. 326f.

6 NHStA Han-Akten Georgs III Dep. 84B 867 Nr 6ff.

7 Friis, Bernstorffske Papirer, Bd. 1 S. 358ff., Briefe an Bruder Gott-

lieb v. 25. 10. und 4. 11. 1766

8 Zedler, Universal- Lexikon, S. 405

9 Winkle, Struensee, S. 138, Reverdil, Struensee S. 75

10 Reverdil, Struensee, S. 78

11 Friis, Bernstorffske Papirer, Brief v. Andreas Bernstorff an Bruder Gottlieb v. 30. 1. 1768, S. 393ff.

12 Falkenskiöld, Denkwürdigkeiten, S. 8

13 Fjelstrup, Ehescheidungsprozess, S. 54f.

14 Geßner, Idyllen

15 Fjelstrup, Ehescheidungsprozess, S. 29

16 Fjelstrup, Ehescheidungsprozess, S. 9 und S. 39

17 Keitsch, Der Fall Struensee, S. 85 und 89 Spottblatt von Thiele

18 Reverdil, Struensee, S. 257

19 Reverdil, Struensee, S. 331

20 Keith, Memoiren, Brief an seine Schwester, 26. 2. 1772, S. 257

21 Jerusalemer Bibel, 9. Auflage Freiburg 1968,
hier: Das Buch Jesaja, 63, 1-3

22 Gellert, Fabeln und Erzählungen 1747, Das Schicksal

23 NHStA Han Dep. 84 Bd. 3 Nr. 869 S. 12ff.

24 Zuverlässige Nachricht von den Festivitäten bez. der Ankunft der Königin am 20. 10. 1772 in Celle

25 Georg III. an Caroline Mathilde in Celle RA 1592

26 Des Kronprinzen von Dänemark Schilderungen und Bemerkungen, S. 6

Zu den Aussagen und Zitaten der einzelnen Kapitel verweise ich auf:

Bei Kap. Königliche Heiraten: Curtis S. 50ff., 166f., 296f., 350ff.; Friis Bd. 1 S. 678, Bd. 3 S. 128; Hansen Inkuiditionskommission Bd. 1; Kew S. 21, 29ff., 62f.

Bei Kap. Kindheit in Kew Garden: Chambers S. 3, Friis Bd. 1 S. 377, Bd. 2 S. 93ff.; RA. 15810; Londoner Gazette v. 22. 7. 1751; St. James Chronicle 10. 9. 1761; The Public Adventiser 25. 9. 1761

Bei Kap. Ehevertrag: Friis Bd. 1 S. 166; Gellert, Vorlesungen, S. 501; NHStA Han Dep 84; Nr. 99–106

Bei Kap. Christian VII.: der Ehemann: Chapman S. 47; Friis Bd. 1 S. 11ff.; Carl von Hessen S. 51; Nors S. 26; Oettinger 5. Bd. S. 196; Reverdil S. 286; Winkle S. 135, 137, 142

Bei Kap. Abschied und Reise nach Dänemark: Altonaer Merkur (Abk. AM.) vom 20. 10., 23. 10., 8. 11. 1766; Geschichte Niedersachsen Bd. 3.1 S. 492ff.; Hattendorff S. 4; Jahrbuch Emsland 43/1997 S. 172; Nachrichten v. einer unglücklichen Königin S. 18; NHStA Han Dep 84 Nr. 866, 1573, Nr. 867 S. 6ff., Dep 84B Nr. 62, 1764; Royal Archives (Abk. RA) Geo 15810, 15813, 52289, 52290

Bei Kap. Hochzeit: AM 18. 11. 1766; Bomann-Museum II S. 112f.; Friis Bd. 1 S. 358f.; RA 15810, 52292

Bei Kap. Etikette und Langeweile am Hofe: AM 28. 3 bis 8. 4., 13. 4.; 16. 4.; 4. 5. 1767; Bomann-Museum II S. 108, 114; Knigge, Roman meines Lebens; Reverdil S. 22ff., 74ff., 148; Zedler S. 405, 408, 411; Friis Bd. 1 S. 447

Bei Kap. Ehealltag und Eskapaden: Carl v. Hessen S. 43–45, 49, 52; Gellert, Vorlesungen, S. 270; Oettinger 11. Buch S. 204ff.; RA 52292; Reverdil S. 72, 75, 77f., 122; Wraxall S. 87, 121

Bei Kap. Schwangerschaft und Entfremdung: Friis, An Bruder Gottlieb v. 12. 7., 25. 7., 13. 10., Anfang Dezember 1767; Hattendorff S. 64; C. v. Hessen S. 52; RA 15824; Reverdil S. 22 f., 50–52, 78f., 194f., 404ff.; Zeitungen: AM v. 29. 7. und 6. 8., Correspondenten (Hamburg) v. 23. 7.–31. 7. 1767

Bei Kap. Geburt des Thronfolgers: AM v. 14. 3., 6. 5., 11. 7., 25. 7., Dezember 1768, v. 2. 1. und 23. 1. 1769; Chapman S. 72; Friis Briefe von Andreas B. an Gottlieb v. 4. 1., 30. 1., 7. 5., 25. 6., an Minister B. 5. 11., Minister an Andreas v. 22. 8., 8. 10. 1768; Reverdil S. 121f., 128f., 130ff., 138

Bei Kap. Johann Friedrich Struensee: der Leibarzt des Königs: AM v. 24. 7. 1769; Berichte des Residenten Reiche an Georg III: (Abk. Reiche) Dep. 84B Nr. 1207 122f.; Fjelstrup S. 37, S. 69; Friis Bd. 3 Briefe Minister Bernstorff an Reventlou v. 22. 7., 29. 7., 5. 8. 1769; Hansen S. 69f.; Münter S. 138, 156; Nors S. 97; RA 15886, 52300; Reverdill S. 148ff., 153; Winkle S. 3f., 8, 156, 329

Bei Kap. Königin und Leibarzt: Fjelstrup S. 19, 41, 48f., 59, 61ff., 83; Nors 111, 112; Münter S. 58f.; Reventlou S. 99, 152f.

Bei Kap. Die Erziehung des Kronprinzen als Experiment: Bomann-Museum I S. 32; C. v. Hessen 56f.; Fjelstrup S. 22, 52f., 97, 99; Reverdil S. 154f., 261; Rousseau, Buch 1, S. 69, 121, 125ff., 140; Winkle S. 395

Bei Kap. Ländliche Idylle und der Skandal: C. v. Hessen S. 57f.; Hattendorf, S. 74, 80, 84f.; Reverdil, S. 158f.

Bei Kap. Auf dem Weg zur Macht: Fjelstrup S. 14, 68, 75, 77, 80ff.; Reverdil S. 9, 156ff.; 163f.; 174, 177, 183, 204f., 231f.

Bei Kap. Struensees Revolution von oben: Holberg S. 601ff., Reverdil S.163f, 174, 183, 214, 223ff., Schriften S.14, 77ff., 80ff.

Bei Kap. Unruhe und Furcht durch neue Gesetze und Flugblätter: Friis Bd. 3 Briefe v. 18. 7., 21. 1., 2. 8., 28. 9. 1771; Keitsch S. 47; Lessing Minna v. Barnhelm 4. Aufzug 6. Auftritt, 5. Aufzug, 5. Auftritt; Reverdil S. 158ff., 250, 246

Bei Kap. Aufruhr und Widerstand: Reverdil S. 168, 171, 255ff., 288f., 317;

Bei Kap. Verhaftungen: AM v. 14. 1., 20. 1., 25. 1., 30. 1. 1772; Correspondenz Nr. 14/24. 1., Nr. 16/28. 1., Nr. 18/31. 1. 1772; Carl v. Hessen S. 65f.; Friis Bd. 3 Minister B. v. 14. 2. 1772; Reverdil S. 335f.

Bei Kap. Rückkehr zum alten Regime: AM Januar 1772; Friis Bd. 3 Andreas B. Briefe v. 24. 1., 28. 1., 4. 2. 1772; Carl v. Hessen S. 67; Reichsarchiv Copenhagen Briefe v. Osten 6. 3. und 28. 3. 1772

Bei Kap. Gefangenschaft und Verrat: Briefe der Königsfamilie an Mathilde Caroline auf Kronenburg im RAK; ebenso Briefe Christians an Georg III.; Bomann-Museum II S. 66; Jorgensen, S. 31f.; NHStA an Dep 84 B. 3 Nr 869 (Berichte Reiche v. 18. 1–9. 6. 1772); Reverdil S. 141ff., 347;

Bei Kap. Prozesse und Urteile: Fjelstrup S. 142ff.; Friis, S. 96ff., 134, 144; Jorgensen 21ff.; Leitner S. 236; Reverdil S. 404ff.

Bei Kap. Ankunft in der neuen Heimat: Briefwechsel zwischen Georg III. und Caroline Mathilde (Göhrde) RA 15980, 15992, 52318–52334: NHStA Han Dep 84 Bd. 3 Nr. 869, 17ff.; Bomann-Katalog II, S. 65

Bei Kap. Exil im Celler Schloss: Briefwechsel (wie 22, Celle) RA 52338, 52342, 52356/357, 52367, 52393, 52396, 52992; NHStA Han Dep 84 Bd 3 Nr 870; Bomann-Katalog II S. 132; Friis Bd. 3, 23. 7.

Bei Kap. Rückkehrpläne und plötzlicher Tod: Briefwechsel mit Georg III. u. a. RA 52347, 52348, 52396, 16031 mit Augusta RA 52342, 52357, 52367, mit Frau v. Plessen RA 52356, mit Karl Struensee 52396; Brief der Geheimten Räte vom 11. 7. 1775, NHStA Dep 84B Nr. 1507; Bomann-Katalog S. 136; Jorgensen S. 59ff.

Epilog: Bomann-Katalog I S. 46; Dansk Biografisk Leksikon; Briefwechsel des Herzogs Friedrich Christian: darin enthalten die Briefe A. P. von Bernstorffs an Christian VII. vom 19. 2. 1779, von Ove Guldberg an den Herzog von Augustenburg vom 12. 12. 1780, von Friedrich Christian an Frederik vom März 1786, der Gräfin Schulin vom 26. 10. 1790, die Berichte F. S. Silverstolpes; Friis, Bd. 3, Briefe von A. P. von Bernstorff an Detlev Reventlou vom 16. 5. 1775 und 8. 7. 1775; Des Kronprinzen von Dänemark Schilderungen, S. 6ff.; Efterladte Papirer, Briefe von Charlotte von Schimmelmann an Louise Stolberg vom 19. 4., 18. 5., 3. 7. 1784; Zwo Reden, welche bey den Confirmationen ..., S. 40ff., 60ff.

Quellen- und Literaturverzeichnis

Es wurden die Bestände folgender Archive benutzt:

Niedersächsisches Hauptstaatsarchiv Hannover (NHStA Han)
Niedersächsisches Staatsarchiv Wolfenbüttel
Rigsarkivet Kopenhagen (RAK)
Royal Archives London (RA)
The Royal Collection Windsor Castle Windsor (RA)

Literaturauswahl:

Ohne Autor: Schriften, die in Sachen des ehemaligen Grafen Johann Friedrich Struensee bey der königlichen Inquisitions-Commission zu Copenhagen wider und für ihn übergeben sind; mit der von ihm eigenhändig entworfenen Apologie und dem über ihn gefällten Urtheile: o.O. 1772 (Schriften)

Altonaischer Gelehrten Mercurius, Jahrgang 1767 ff.

Bomann-Museum Celle: Ausstellungskatalog 1988, Kronprinz und Menschenkind (I)

Bomann-Museum Celle: Ausstellungskatalog 2001, Caroline Mathilde 1751–1775 (II)

Chapman, Hester W.: Caroline Mathilde, Queen of Denmark, London 1971

Curties, Henry: A Forgotten Prince of Wales, London o. J.

Falkenskiöld, Seneca Otto: Denkwürdigkeiten des Herrn von Falkenskiöld, Leipzig 1826

Fjelstrup, August: Ehescheidungsprozess zwischen König Christian VII. und Königin Caroline Mathilde, Berlin 1908

Friis, Aage (Hg.): Bernstorffske Papirer 1732–1835. Bd. I-III, Kopenhagen 1907 ff.

Gellert, Christian Fürchtegott: Fabeln und Erzählungen, 1746/48;

Ders.: Moralische Vorlesungen, 1770
Geßner, Salomon; Idyllen, 1756
Hansen, Holger (Hg.): Inkvisitionskomissionen af 20. Jan 1772, 5 Bände, Kopenhagen 1927–1941
Hattendorff, Mathias: Höfische Reglements und Lustbarkeiten. Die Besuche von Caroline Mathilde und Christian VII. in Hamburg und Holstein 1776–1772, Hamburg 1999
Hessen, Karl von: Denkwürdigkeiten des Landgrafen Karl von Hessen-Kassel, 1866
Holberg, Ludwig: Moralische Gedanken, Copenhagen 1744
Jorgensen, Harald: The Unfortunate Queen Caroline Mathilda's Last Years, Copenhagen 1989
Keitsch, Christine: Der Fall Struensee – ein Blick in die Skandalpresse des ausgehenden 18. Jahrhunderts, Hamburg 2000
Kew, The History of the Royal Botanik Gardens (Desmond ray), London 1995
Knigge, Adolph von: Umgang mit Menschen, Hannover 1788
Ders.: Roman meines Lebens, Frankfurt 1780/82
Kreis Emsland (Hg.): Jahrbuch des Emsländischen Heimatvereins 43/1977, Meppen 1977
Lehzen, Friedrich: Die letzten Stunden Ihrer Majestät der hochseligen Königin von Dänemark Caroline Mathilde: Celle, 15. May 1775
Leitner, Thea: Skandal bei Hof, München 2000
Lessing, Gotthold Ephraim: Minna von Barnhelm, 1767
Münter, Balthasar: Johann Friedrich Struensee. Bekehrungsgeschichte. Copenhagen 1772
Nachrichten von einer unglücklichen Königin nebst ihren Briefen, Boston 1777
Nors, The Court of Christian VII. of Denmark, London 1928
Oettinger, Eduard Maria: Geschichte des dänischen Hofes, 6 Bände, 1858
Porteus, Beilby (Hg.): The works of Thomas Secker, Dublin 1775
Reverdil, Elie-Salamon: Struensee e la cour de Copenhague 1760–1772. Memoirs de Reverdil, Paris 1858

Rousseau, Jean-Jacques: Emile oder über die Erziehung, 1762

Schnitzer, Claudia: Höfische Maskeraden, Tübingen 1999

Smyth, Gillespie (Hg.): Memoirs and Correspondence of Sir Robert Murray Keith: with a memoires of Carolina Matilda of Denmark and an account of the revolution these in 1772, London 1849

Staats- und Gelehrtenzeitung: Des Hamburgischen unpartheyischen Correspondenten, Jahrgänge 1767–72

Van den Heuvel/von Boetticher: Geschichte Niedersachsens Bd. 3.1, Hannover 1998

Voltaire, François-Marie: Candide, 1759

Ders.: Zaire, 1769

Winkle, Stefan: Johann Friedrich Struensee, Aufklärer und Staatsmann, Stuttgart 1983

Wraxall, C. F. Laccelles: Life and Times of her majesty Caroline Matilda, 3 Bde, London 1882

Zedler, Johann Heinrich: Großes vollständiges Universal-Lexikon aller Wissenschaften und Künste; Halle – Leipzig 1735

Bildnachweis

Bomann-Museum Celle/Stadt Celle: 31, 41, 83, 91, 131, 139

Leslie Paton Collection, London: 9, 19

Niedersächsische Landesbibliothek, Hannover: 167, 175

Graf Rantzau, Gut Rastorf: 105

Rosenborg, Kopenhagen: 75, 123

Statens Museum for Kunst/Den Kongelige Kobberstiksamling, Kopenhagen: 101